农村初中教育的难点与突破

佟明河　段文海　主编

天津出版传媒集团
天津科学技术出版社

图书在版编目(CIP)数据

农村初中教育的难点与突破 / 佟明河, 段文海主编
. -- 天津 : 天津科学技术出版社, 2024.3
ISBN 978-7-5742-1860-4

Ⅰ. ①农… Ⅱ. ①佟… ②段… Ⅲ. ①农村 - 初中 - 学校教育 - 研究 Ⅳ. ①G639.21

中国国家版本馆CIP数据核字(2024)第058540号

农村初中教育的难点与突破
NONGCUN CHUZHONG JIAOYU DE NANDIAN YU TUPO

责任编辑：王　冬
责任印制：兰　毅
出　　版：天津出版传媒集团
　　　　　天津科学技术出版社
地　　址：天津市西康路35号
邮　　编：300051
电　　话：（022）23332377
网　　址：www.tjkjcbs.com.cn
发　　行：新华书店经销
印　　刷：河北万卷印刷有限公司

开本 710 × 1000　1/16　印张　14.75　字数　200 000
2024年3月第1版第1次印刷
定价：88.00元

编委会

序　言

城边儿上的教育

2020年初，北京市评出首批特级中小学校长，佟明河校长名列其中。房山区为三位校长举办特级校长工作室，邀请我参与，我没多考虑就答应了。当时以为简单挂个名的事情。事后发现我想得太简单了，这个工作室，是实打实地要做事的工作室。

在工作室还未成立之前，佟校长就带领大家做好了三年研修规划，五个方面，从理论学习到问题研讨、实践行动、分享展示再到理论提升，各有十个具体的任务落点，目标明确、内容丰富。三年过去，除了因为疫情无法到各校现场研讨，大部分计划都实现了。

工作室第一年，我们一起读书。我开了书单，有深有浅，有古有今，有些书校长们读起来有些难，但大家没有放弃。因为我们有共识，唯其难，才会带领我们走出舒适圈。在我们读佐藤学的书时，我请了中国教育科学研究院的项红博士来导读。她由衷地说，没想到初中校长会读这么专业的书。在我们读完华东师范大学李政涛教授的书后，我把大家的读后感转给教授，他感觉他的理念在房山的大地上找到了“回响”。

工作室第二年，我们聚焦实际问题进行专题研讨和实践改进。大家一起研讨过管理艺术、早恋、减负、心理健康、手机及网瘾管理、学生体质健康、家校合作、学习动力、教师动力、学生惩戒制度、年级组管理等十几个话题。大家共议出的解题思路，回到学校后立刻就实践。

工作室第三年，是在痛并快乐中度过的。2021年10月，段文海主任和佟校长就开始组织大家共写一本书。当时正值《中小学管理》杂志社遭遇创刊以来最大变动，我精力实在有限，就特别邀请杂志社王淑清老师来帮忙梳理选题和打磨稿件。王老师极其敬业、专业、耐心，她用和期刊的标准来和大家一起磨稿，大家一起痛苦并快乐着。

对于没怎么有过发表经历的人而言，写书确实是一大挑战。所以最初我们只提了一个基本要求：就着痛点写，关心什么写什么，怎么做就怎么写。但最后大家呈现出来，不只是怎么想、怎么做，还有为什么做，为什么这么做，还能怎么做。我们期望的 1.0 版本，直接跨越成了 3.0 版本。

在这个过程中，我的收获远远比校长们多。我对农村教育、农村学校、农村校长教师的感受更直接，认识更深入。

农村教育面临特殊的情境。房山是北京的近郊区，从二环复兴门开车到房山教师进修学校，只要 40 分钟。但这 40 分钟的车程两边，是两个不同的世界。在这里进修的校长的学校里，学生、家长都与城区学校有很大差异。农村初中教育面临更多挑战。北京市房山区良乡第二中学的管理水平和教学业绩都在房山教育的领军行列，其他校长的学校也都是各乡镇中的强校，但初中教育的特殊性时刻在考验着这些学校。即便所有学校倾尽全力去提升学生成绩，仍然会有相当比例的孩子无法就读普通高中。农村家庭能给孩子提供的优质资源有限，农村初中学生的身心焦虑、学业焦虑、前途焦虑要远比城市初中学生更大，这种焦虑影响了学生自身发展，影响了教师的教学重点，也深刻影响了学校的教育选择。

在复杂的农村教育发展的情境下，农村学校应该如何发展？校长们从不同角度为我们寻找答案。

农村学校首先做好党建引领。在学校领导体制改革的今天，党组织如何发挥战斗堡垒作用、引领农村学校内涵发展？《加强学校党组织建设，引领学校内涵发展》《党建引领学校治理要素融合的葫中实践》两文给出了加强研究、加强学习、不断实践改进的回答。

农村学校更需要高水平的日常管理。农村学校的管理更要到位，更要将管理重心落在日常工作上。学校的办学理念、制度安排、组织结构、课程设计等等，都要经过系统设计。《以人为本，刚柔并济，提升学校管理水平》《家校协同的路径与方法》《盘活社会教育资源，助力学生全面发展》《推动学校整体变革 培育新时代乡村少年》等文，对好的学校日常管理做了深入探讨。

农村学校要将研究学生作为基本功。做好学生研究，是贯穿工作室三年研修的主线。《科学施策，助力农村学生思想品德提升》《培养学生学习能力，真正践行“求真”教育》《多措并举，促学生体质健康提升》《以书法教育为突破点，提升中学生审美素养》《让评价更具教育味道：初中学生综合素质评价的校本探索》等文章从五育并举、全面发展的高度来探讨学生发展的多种可能。

农村教育要敢于触碰深刻的问题，课程建设是学校的主业，但很多农村学校没有能力也没有动力去触碰这个领域。工作室的校长们则勇敢地开始了自己的课程探索，《学校课程建设的困境与实践突围》《信息技术深度融入教与学的实践与探索》《研发奇妙“三旅”课程，助农村学子青春飞扬》《构建“3+3+2”教育模式，助推劳动教育创新发展》就是他们的他们探索成果。

农村学校的发展，要形成自己的特色。农村学校需要特色发展，不必大而全，但可以小而美、小而精、小而特。《以书法教育为突破点，提升中学生审美素养》道出了学校的书法特色，而这正是当前许多农村学校可以借鉴的发展思路。

农村学校要有更多资源意识，拥有再好的资源，没有会用资源的人，也是一种浪费。《盘活社会教育资源，助力学生全面发展》为我们提供了盘活社会资源的可行路径。

农村学校还有很多可发展空间，这些都体现在校长们的文章中。而在所有影响农村学校发展的要素中，我最重视的是人的因素。在社会急剧变革的今天，现代农村校长教师应具备哪些核心特质？《做实做深校本研修，推动本土教师专业化发展》《育良好文化生态，助师德水平提升》《构建学习共同体，助力教师专业发展》《立德立功，成已达人：教师职业幸福感的有效培育》《向光而行，赋能成长——青年教师培养的校本实践》《感受“尊重”，体会“价值”，破解教师老龄化影响》《调动和激励教师的十个建议》等，为建立高素质、专业化、创新性的教师队伍提供了新思路。

几年的同行，也让我对农村教育需要什么样的干部教师有了进一步的认识。

首先，需要有大情怀的人。农村教育需要“三个非常”之人：非常热爱乡土，非常热爱教育，非常热爱师生。2022 年国家级教学成果奖评审，特等奖授予江苏南京行知小学杨瑞清校长，“大情怀育人”是其成果的关键词。在工作室校长身上，我一样看到了“大情怀育人”的模样。

其次，需要有大智慧的人。仅有情怀，没有智慧，情怀走不远；仅有智慧没有情怀，智慧就不是真智慧。这种大智慧，体现在对学校办学方向的把握、学校办学特色的打造、学校社会声望的建立、学校社会资源的获取等方面，但最大的智慧，还是对人的独特价值的尊重，对学生、教师甚至家长生命成长的赋能。

再次，需要熟悉农村社会的实践高手。农村学校校长不是单纯地与师生打交道，而是与整个农村社会、乡规民俗、乡里乡亲打交道。农村校长做不了大学教授，大学教授也未必做得来农村校长。不熟悉农村社会运行规则，开出的药方就未必能对症。

最后，需要不畏艰难的人。工作室一直在打破大家的舒适圈，但大家每次都会千方百计完成每项任务。如同他们在日常工作中，只要组织有要求、上面有交代，他们都会不讲价钱、不谈条件地及时完成。知其不可为而为之，硬着头皮也要上，这就是农村校长的可贵处。所以我常对同事们说，这个工作室有一种“生扛”“硬啃”的精神，往大了说就是“讲政治”“有担当”，而这也可能是农村学校最需要的校长特质。

艰难地成长，但不停地成长，这就是中国乡村校长的生命状态吧。我原来不太理解大家自称农村校长，虽然是农村，但在当今时代背景下，与城区校长区别不至于太大。当我深入其中，发现房山教育确实带有明显的农村教育的特征。生源、家长、教师等，都是有农村特征的。

但是，农村教育绝不是房山教育的全部。无论是房山还是其他许多农村学校，即使与城市的物理距离很远，但在现代数字技术如此成熟的情况下，也可以做到无缝对接城市学校的教育。所以现在农村教育的某些特征甚至瓶颈，已经不再是农村教育的本质属性。

但我们不可否认的是，这些地区依然在农村，依然有农村教育固有的一些特质，所以现在实际上出现了一种新的教育形态——城边儿上的教育，只是无论是物理距离还是教育距离，都离城市很近，但又不在城市中，是在城市的边儿上，看得见，摸得着，进不去。这种教育，是“城边儿上的教育”，我们应该如何做？这是留给我们所有人的命题。

诗人王尔德说：“身在井隅，心向璀璨。”

站在城市边上，让我们一起梦想璀璨。

是为序！

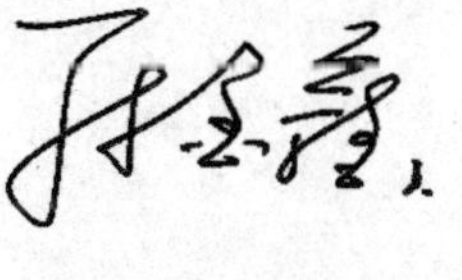《中国基础教育》主编

2023 年 8 月

前言

教育的内涵极为丰富，从狭义上来说，教育就是教育者有目的、有计划、有组织地对受教育者的心智发展进行教化培育，以现有的经验、学识授人，为其解释各种现象、问题或行为，以提高受教育者的实践能力，其根本是以人的一种相对成熟或理性的思维来认知对待事物。从30岁当校长，在教育的圣坛躬耕40载，我须臾没有脱离对“教育是什么”的追问，也一直在用自己的实际行动，诠释着对教育的理解。

何其有幸！2019年，我成为北京市首批特级校长中的一员；又是何其有幸，2020年5月，区委教育工委以我名字命名的特级校长工作室正式挂牌成立！“教育是什么”又清晰地冲击着我的大脑。如何带好工作室，如何更好地“为党育人、为国育才”，如何让房山教育在京华大地绽放光彩，我陷入了深深的思考。

在工委的指导下，我适时地提出了工作室的定位——在特定范围内，以解决实际问题为目的而开展的研究、讨论或分享的组织。在工作室第一次活动时，我提出工作室是一个共同学习、分享智慧的组织，一个研究问题、解决困惑的团队，一个你说我说、想啥说啥、想说就说的平台，一个团结协作、共同提高的集体。工作室汇集了扎根房山基础教育、谋求教育发展的13名同志。房山是北京的郊区，是经济相对落后、城市化进程相对缓慢的地区，农村人口占比大，地域广，基础教育水平与城区有明显差距，制约了整个区内教育质量的提升。因此，本工作室就以解决这个实际问题作为工作室的工作重点。

工作室如何开展工作？我认为农村教育表象是农村地区生源差、资源少、师资弱，但还有干部教师观念旧、管理散、劲头低等根本问题。基于多年的管理经验，我认为学生是老师“育”出来的，老师是干部“带”出来的。老话说，“打铁还须自身硬”，管理干部就要内外兼修，内练修养，外练本领，干部素质上去了，不愁质量不提高。我提出将工作室的三年研修细化为“五个十”的想法：一是理论学习——共同精读十本书并进行分享；二是问题研讨——基于工作室成员的工作、学习需求开展十个方面的讲座；三是实践行动——参观十所优质学校；四是分享展示——开展十次论坛活动；五是理性提升——每人撰写九篇文章，并做一次专题讲座。经过近三年时间，学员和导师一起学习、研讨、分享，无论是理论素养还是实际工作都有了很大的进步，大家的思维高度有变化，思考问题的角度更加全面，工作的方法措施找到了理论的支撑，把这些想法和做法归结起来，就呈现出农村初中面临的主要问题和突破的路径。这就是这本书孕育的过程。

这本书由学校管理、学生教育、教师管理、课程教学等四部分组成，收录了学员作品十九篇，应该说涵盖了农村初中学校的主要内容，多数都是学员们经过实践验证可行、可操作的做法。所以说，这本书既是一本给人以深度思考和全方位思考学校工作的参考书，也是一本能够指导教师实践的工具书。

当然，不得不说，由于本人理论素养本身不高，很多工作都是在不断的实践中积累起来的，对学员的理论指导不够，难免写出来的内容学术价值不高，影响读者阅读的效果，恳请提出诚恳建议，本人将不胜感激，我们可以通过多种方式进行交流，一切有利于基础教育发展、有利于学生综合素质提高的想法，都将成为我们交流的话题。

工作室建立之初，我就聘请原《中小学管理》杂志主编孙金鑫为工作室的特聘理论导师，在工作室活动期间以及此书编写过程中，孙主编都给予了最精确、高水平、高站位的指导。本书在编写过程中，《中小学管理》杂志的王淑清编辑对文章进行了耐心细心的指导。两位专业人士的指导，使这本书增加了可读性，在此，对她们表示最衷心的感谢！

基础教育改革在不断深入，随着现代化进程的加快，教育的样态也会不断改变，但教育规律还是存在，教育育人的属性不会改变。人们对教育改变命运、创造幸福生活的期盼从来没有像今天这样强烈，国民对优质教育的需求从来没有像今天这样迫切。只要我们有了对教育的基本认识，对教育规律有了把握，有了不断探索的精神和方法，我坚信我们的教育会越来越好，农村孩子照样可以享受优质的教育，全民高素质指日可待！

佟明河

2023 年 8 月

目录

第一编 学校管理

第二编 学生教育

第三编　教师管理

第四编　课程教学

参考文献

后记

第一编 | 学校管理

引言

学校管理持“度”而为[①]

作为一种组织，学校因其面对对象的特殊性而不同于企业，更关注人的发展，关注人在受教育过程中的成长，关注人发展中的适应性和创造性。学校管理作为手段而存在，目的是引领人的成长，实现个人发展和集体发展。管理学大师彼得·德鲁克的经验告诉我们“管理的本质是激发和释放每一个人的善意和潜能，终极目标就是改善他人的生活”[②]。二者从不同角度共同阐释了管理的本质，道出管理是对人、组织与社会的关系研究，这也正是学校管理的本质所在。学校管理往往知易行难，需要不断学习、反思、实践和改进。工作室的各位成员校长也结合学校实际情况和现实需求，进行了深入思考和有效实践，持“度”而为，不断追求师生成长和学校发展。

一、落实学校管理制度

学校作为正式组织，要有完备的管理规章制度，对学校成员需要共同遵守的规范与准则做出解释和说明，有一定的约束力，也保障学校的正常运行。学校管理是一套有组织的知识体系，制度是对管理效果的有效保障，有了制度就有了标准，也就有了规矩。2022年1月，中共中央办公厅印发《关于建立中小学校党组织领导的校长负责制的意见（试

① 本文作者系北京市房山区教师进修学校干部培训处教研员白永然。

② 杜绍基，彭信之．当校长遇见德鲁克：冰山下的领导力[M]．北京：中国人民大学出版社，2011：11.

行)》，提出中小学校党组织全面领导学校工作，履行把方向、管大局、作决策、抓班子、带队伍、保落实的领导职责；校长在学校党组织领导下，依法依规行使职权，按照党组织有关决议，全面负责学校的教育教学和行政管理等工作。这是新时代加强党的建设的新举措，通过全面提升中小学校的党的建设水平，推动教育事业改革发展。

新文件要求中小学重在贯彻落实，探索由管理走向治理的机制、策略和方法，实现党政合力，共促学校内涵发展。《加强学校党组织建设，引领学校内涵发展》一文中，陈勇校长以南召中学为实践场域，关注教职工的思想政治素质对学生世界观、人生观、价值观的影响。通过加强政治建设，坚持党建引领；加强思想建设，树立党建思维；加强组织建设，锤炼队伍本领；加强作风建设，培养时代新人五项措施，全面加强学校党组织建设，发挥党支部的战斗堡垒作用，以党建为引领抓出一个好班子，带出一支好队伍，创办一所好学校，推动学生优发展。在《党建引领学校治理要素融合的葫中实践》中，段文海校长分析了学校党建与现代学校治理面临的多重困境，利用党支部自身的政治属性、组织优势、丰富的党建资源引领干部、教师、学生、家长及社区热心教育人士参与学校治理，学习相关经验，以党建引领学校治理，构建了“党支部当舵手、校委会抓执行、师生家长齐参与”的学校治理新格局，不断提高战略思维、历史思维、辩证思维、系统思维、创新思维、法治思维、底线思维能力，为学校党组织引领学校治理提供政治保障、组织保障、能力保障。

二、调节学校管理温度

有人说“制度是调不走的校长”，这说明好的学校制度具有强大的管理力量。管理制度保障了学校组织的有效运行，是师生需要共同遵守的办事规程和行动准则。制度具有权威性和强制性，是一种刚性管理。刚性管理以工作为中心，更关注统一要求，一切照章办事，不讲情面，它注重效率和实绩，追求制度面前人人平等，忽略个性化需要。但学校教育是以人为本的事业，从事的是培根铸魂、引领学生成长的工作，它追求的不仅是知识的传递，更是伴随情感而发生的、由情感引发而实现的成长。因此，只以制度管理学校，而不关注师生的个体需求，并不会达到良好效果。

组织需要制度，学校更需要温度。学校管理以激发和释放每个人的善意和潜能为本质，以促进师生发展为目标，焕发并形成师生的良好品质，相互滋养心灵，互相成就人生。刚性的制度管理明确底线，柔性的人文管理抬高上线，在有温度的管理中，教师被尊重，学生被看见，师生相互信任；在有温度的管理中，人与人因相互理解而互相支持，因相互帮助而共同发展。在《以人为本，刚柔并济，提升学校管理水平》中，陈勇校长梳理了刚性制度管理和柔性人文管理的基本主张和思想渊源，指出学校因其组织特性和教育职责，管理既应体现刚性管理的强制性和权威性，也需发挥柔性管理的情感性和人文性。在学校管理中，要梳理二者关系，使刚性管理与柔性管埋相辅相成，相得益彰，共同助力学校发展和师生成长。

三、拓宽学校管理广度

美国实用主义代表人物约翰·杜威提出“教育即生活”“学校即社会”[①] 的教育论点，指出学校教育与社会社会生活之间有着紧密的联系，学校作为教育生活的一种形式存在。这种将学校与生活和社会相联系的观点突破了狭义的学校教育，突显“大教育观”，指出了教育时间长、空间广、内容多的特点，关注了学校与家庭和社会间的关系。

家庭作为儿童的第一所学校，提供了儿童经历初级社会化的过程。在家庭这个已经形成的社会结构中，儿童在父母的影响下，接受了父母

① 杜威．民主主义与教育[M]．王承绪，译．北京：人民教育出版社，2001：17，37.

中转过的世界和世界观，父母的习惯、性情、兴趣、爱好都影响着儿童，父母的价值观念和道德标准也成为儿童最初判断的重要参考。可以说，父母既给了孩子生物学上的遗传特征，也给了孩子由环境带来的教育影响。刘刚校长在《家校协同的路径与方法》一文中分析了家校协同的现实意义和具体问题，指出了家校协同的必要性和薄弱点，并从做好家庭教育指导、发挥家委会作用、挖掘家长资源、提供家庭服务、精心设计家长会五个方面详细呈现了北京市房山区良乡第二中学家校协同的工作路径和方法，提供了家校协同的有益借鉴。

社会是人的存在空间，也是人的生活空间，教育的功能之一就是实现个体社会化。随着社会快速发展和科技不断进步，学生在学校里获得的知识很难再支撑他们走出校门后的社会生活。学校教育需要改变教与学的方式，使学生带着书本中的知识走进生活、走进社会，在实践中学习，在参与中学习，在合作中学习，发现知识的价值，解决生活中的问题。社会是一所“大”学校，优质的社会资源是学校高质量发展不可或缺的重要教育资源。师文涛校长在《盘活社会教育资源，助力学生全面发展》一文中，介绍了北京市房山区昊天外国语学校开发利用社区资源、红色教育资源、企业资源、高校资源等校外教育资源，丰富学生学习方式，促进学生全面成长，提升自身办学实力的经验和做法。

管理的最终目的是自我管理，学校管理的最终目的是实现师生自我管理基础上的自主发展。智慧的学校管理既能够落实学校管理制度，也能够调节学校管理温度，还能够拓宽学校管理广度，有约束，有关心，有赏识，有空间，从而调动师生积极性，引领师生主动发展，促进学校持续发展。

加强学校党组织建设，引领学校内涵发展[①]

加强学校党组织建设，就是要在习近平新时代中国特色社会主义思想的指引下，全面加强党的政治建设、思想建设、组织建设、作风建设，加强党员的教育管理，发挥党支部的政治核心作用、战斗堡垒作用，不断提高党支部的凝聚力和战斗力，办好社会满意的学校，办好人民满意的教育。

南召中学党支部以习近平新时代中国特色社会主义思想为指导，全面贯彻落实新时期党的教育方针，坚持社会主义办学方向，落实立德树人根本任务，以培养“永远听党话、永远跟党走”的社会主义建设者和接班人为根本目标，全面加强党的领导，持续推进党的建设，狠抓全面从严治党，推动学校内涵发展。

一、加强政治建设，坚持党建引领

（一）坚持在学习思考中提升认识水平

南召中学党支部认真学习习近平总书记系列重要讲话、重要论著，坚持用习近平新时代中国特色社会主义思想立场、观点和方法谋划学校发展，统领学校各项工作。党支部认真学习一系列规章制度，在学习教育中严明党的政治纪律和政治规矩，切实增强党员干部的“四个意识”。学校党支部坚持领导带头，把学习教育、提高认识贯穿作风整顿全过程，引导广大教职工遵守工作纪律，提高工作效率，牢记责任、爱岗敬业。注重带着问题学，带着思考学，注重在学通、悟透、弄懂上下功

① 本文作者系北京市房山区原南召中学党支部书记、校长陈勇。

夫。在学习中领悟和理解总书记提出的教育“三问”：培养什么人、怎样培养人、为谁培养人?

通过学习和理解，党员干部深刻认识到：学校党支部必须坚持用正确的思想统领学校发展，必须将党对学校一切工作的领导贯彻落实到各个层面，必须坚持立德树人的根本任务，牢记为党育人、为国育才的使命，致力于培养“永远听党话、永远跟党走”的合格建设者和接班人，必须坚持德智体美劳“五育”并举，全面发展。在对党员干部和全体教职工的学习培训中，学校党支部坚持将这些重要思想向老师们进行讲解，引导老师在课堂教学及学生教育活动中坚持和贯彻正确的教育思想和价值导向，把握正确的育人方向。

（二）坚持在规范管理中抓实党建工作

南召中学加强党支部对学校制度建设的宏观管理和全面领导，修订、完善、优化学校各类管理制度，让制度建设与学校发展相适应，建设与现代学校管理相统一、相适应的规章制度。学校党支部以对中国共产党各项工作条例的学习落实为抓手，规范党支部各类管理制度和规定，落实各项工作职责和教育内容，建立党员教育管理常态化、长效化机制。同时，党支部还要梳理、整合、调整、优化各类管理标准，以规范促发展，向管理要质量，推动学校各项工作不断发展。

（三）坚持在“双争”工作中坚定教育理想

南召中学党支部以争做“四有好老师”、争当“四个引路人”为目标，加强师德师风建设，教育引导老师牢记政治意识和底线意识。政治意识是指要把“不忘立德树人初心，牢记为党育人、为国育才使命”作为终身从教的追求，坚持用习近平新时代中国特色社会主义思想武装头脑；底线意识是指要严格遵守中小学教师应具备的职业道德规范，严守师德“十条禁令”，坚决做到不越底线，不碰红线，增强教师恪守师德规范的自觉性与主动性，做到精心施教、依法执教、廉洁从教。注重培养和选树师德典型，以评选“师德模范”“骨干教师”“区校级优秀教师”“优秀班主任”等为载体，引导广大党员和教职工坚定教育理想，焕发工作热情。

二、加强思想建设，树立党建思维

学校是教育和培养人的地方，是对学生进行思想教育和道德培育的主要阵地，每一位教职工的思想政治素质都会影响到学生世界观、人生观、价值观的形成。学校党支部要按照“抓党建促教育，抓党员促教师，抓党风促行风”的工作思路，紧扣学校教育特点，狠抓党建工作目标责任落实，发挥好党组织的战斗堡垒作用。

（一）树立党建思维，聚焦学校发展

党建思维是一种系统思考，本质在于凝心聚力、塑造信念、构建信仰。南召中学党支部坚持用习近平新时代中国特色社会主义思想的立场、观点和方法谋划发展、指导学校党建工作，以党建统领学校全局工作，以党建工作带动教育教学质量不断提升，带动师资队伍不断成长，引领学生综合素养不断发展，推动学校各项工作不断再上新台阶。

（二）规范党员学习，深入领会制度

南召中学党支部把学校党员干部各个层面的学习作为推动工作发展的常规性工作来抓。学校支委会和班子例会坚持逢会必学，及时学习上级下发的最新文件、会议精神等，研究学校一周工作，确保政令畅通。党员学习应做到自学与集中学习相结合、规定学习内容与主动学习内容相结合、党建学习与业务学习相结合，把党课讲座学习、思想净化学习、业务培训学习统筹安排，把学习作为一项常态性工作，在学习中提升认识水平和工作能力。

（三）强化思想引领，落实立德树人

学校党支部注重提升党员、教职工对新时期党的教育方针的理解，并真正落实到教育管理和课堂教学上。例如，利用教师节组织庆祝活动，表彰在师德表现、教育教学、服务管理等各方面做出突出贡献的教职工，组织全体教职工开展师德规范宣誓活动，让老师们始终牢记育人职责与使命。在考核评优过程中，党支部始终坚持师德第一，给老师传递正确的价值导向。党支部注重加强自媒体建设，规范干部、党员、教职工的言行，防微杜渐，确保意识形态安全和正能量的持续传递；注重引导广大教职工向学生传递正确的价值观，牢记立德树人的根本任务。学校党支部坚持把“永远听党话、永远跟党走”作为对学生进行思想教育的一条主线，在课堂教学、教育教学活动中有意识地对学生进行思想引导。

三、加强组织建设，锤炼队伍本领

抓出一个好班子、带出一支好队伍、创办一所好学校是学校党建工作的目标。要做好工作，首先要把自己“硬起来”“强起来”，只有带头把自身作风搞好了，管理才有底气，才能让人服气。对于党员干部来说，要努力做到三个“过得硬”：一是理想信念过得硬，坚守共产党人的精神追求，精神上“不缺钙”，不能得“软骨病”；二是工作能力过得硬，坚持通过学习和实践增长才干，始终跟上时代步伐，避免“本领恐慌”；三是思想作风过得硬，坚持为民务实清廉，严以修身、严以用权、严于律己，谋事要实，做人要实，经得起各种风险挑战和利益诱惑的考验。

（一）充分发挥党支部的战斗堡垒作用

在疫情防控的各个阶段，学校党支部闻令而动，靠前谋划、靠前指挥、靠前战斗，根据实际情况统筹设计整体方案，做到全校一盘棋。学校党支部要根据各类方案分别召开各个层面的会议，将学校的整体安排

坚决贯彻落实到每一位教师、每一位学生、每一位家长，确保按照上级部署和学校整体安排执行。在各项工作的落实上，学校党支部坚决做到指挥在前，战斗在前，充分发挥好战斗堡垒作用，让全体党员和教职工看到党的旗帜，听到党的声音，感受到组织的温暖，遇到问题能及时向党组织汇报。

（二）充分彰显党员的先锋模范作用

学校党支部教育引导党员在学习教育中提升党性修养，在工作实际中做好表率。党员要敢于亮明身份，勇于接受群众监督，善于帮助身边群众，及时宣传和传达党的政策。广大党员同志应坚决执行学校党支部的各项工作部署，冲在前面、干在前面，在实践中锤炼党性。例如，在国庆 70 周年安保工作中，广大党员主动“上一线，做贡献”，积极参与社区安保值守，参加学校执勤，保障学生交通安全；疫情防控期间，全体党员干部积极响应“上一线，做贡献”号召，顺利完成镇域内疫情防控及清明防火安全值守任务；党员要积极参加各自所在村、社区的疫情防控值守与服务工作；在垃圾分类工作中，广大党员积极参加“桶前值守”，用实际行动践行共产党员的先锋模范作用，用实际行动让党徽闪耀。

（三）充分彰显领导干部的带头作用

学校党支部注重建设一支团结、务实、高效的干部队伍，把尽心、尽职、尽责作为干部工作的基本要求和准则，注重提升干部队伍的管理能力和执行能力，在工作中给干部压担子，主动放权，让干部在实践中得到锻炼和成长。例如，在疫情防控的特殊时期，学校全体党员干部主动坚守在校园疫情防控的第一线，在做好值班值守的同时，按照学校党支部、校委会的统一部署和安排，在不同的阶段设计、安排、部署各项具体任务，把上级的防控要求和学校的具体安排及时传达给学生，彰显了很好的执行力和指挥力。许多领导干部身兼数职，既抓管理，又站在课堂一线，有的还兼任班主任，每一名干部用自身多重角色彰显着领导干部的模范带头作用。

（四）充分关注后备力量的培养

学校党支部加强对思想政治课教师的管理和培训，共同研究利用思想政治课加强和改进学生思想道德素质的方法。学校同时加强对优秀青年教师、优秀班主任的培养力度，吸引和吸收思想素质过硬、业务能力较强的优秀教师尽早加入党组织。学校还加强了党支部对共青团、少先队工作的领导，注重对青年团员的教育与帮助，关心学生发展，关注学生思想状况，让“永远听党话、永远跟党走”的种子及早在学生的心中扎下根，让更多的优秀学生加入团组织。

四、加强作风建设，培养时代新人

学校党支部始终牢记“为党育人、为国育才”的使命任务，注重创新教育形式、丰富教育内容、优化教育载体，把坚定的理想信念、深厚的家国情怀、对党和国家的热爱之情深深地埋在学生的心里，贯穿学生思想教育全过程和日常教育活动。

（一）推进“成长、绽放”课程建设

学校把“让每一个孩子自信成长，让每一个生命精彩绽放”的理念贯穿课程建设全过程，贯穿学校育人全过程。围绕“成长、绽放”课程体系，学校党支部调整和优化了德育课程，将社会主义核心价值观教育、红色基因教育、养成教育、卫生防病教育、生命健康教育、心理健康教育、环境保护教育等内容融入德育课程体系，形成系列化德育课程。学校充分发挥课堂教学主阵地、主渠道作用，引导老师在课堂教学中结合学科内容有效融合不同类别的教育内容，让知识与育人相融合。

（二）聚焦“三动、七学”课堂研究

学校深入推进区级立项课题《课程视野下“三动、七学”课堂教学评价研究》，以课题研究带动老师聚焦课堂，聚焦学生真实有效的“学”。学校始终围绕“阅读”“思考”“表达”三个环节，做好课堂教学的文章，把阅读、思考、表达三个环节作为改进堂课教学效果、提高课堂效率的重要抓手来推进。学校同时关注学生学习方式的变化，力求让课堂成为学堂，成为师生共同研究、交流、切磋知识、享受生命成长的场所。

（三）深化落实“双减”工作

学校严格落实“双减”各项要求，进一步梳理、细化、完善学校各类规章制度，着力在提升校内教学质量上下功夫，引导老师从导学案的设计、课标与教材研究、“三动七学”课堂研究、分层作业的布置、分层辅导的实施、学生体质健康的提升、课后管理的优化、晚自习质量的提升等方面不断发力，切实做到减负提质。同时，学校按照分层、自愿原则安排学科类课后辅导，满足不同学生的辅导需求；根据学校实际和学生需求，不断研究和开发适合学生个性发展的课程，真正做到让每一个孩子自信成长，让每一个生命精彩绽放。

（四）深入开展党建课题研究

学校党支部确定了党建研究课题《学校开展红色基因教育途径与方法的研究》，旨在通过课题研究让学生了解中国共产党的历史、中国的历史、改革开放的历史、社会主义发展的历史，使学生更加坚定“永远听党话、永远跟党走”的理想信念，传承红色基因。在课题研究过程中，学校党员、教师结合自己所教课程内容，深入挖掘学科课程所蕴含的红色元素对学生进行思想教育和引导，为持续开展党史教育提供了更多的素材，逐渐形成了学校党建品牌。

加强学校党建工作，构建学校党建工作新格局是一个不断完善的过程，需要学校党员干部在学习中提升，在实践中探索，在创新中发展。学校党支部将以党史学习教育为抓手，进一步优化党建工作机制，完善党建工作格局，提升党建工作实效，让党的旗帜在学校高高飘扬，让党的声音在学校处处发声，让“永远听党话、永远跟党走”真正嵌入学生的灵魂深处。

党建引领学校治理要素融合的葫中实践[①]

党的全面领导、党的全部工作要靠党的坚强组织体系去实现，党的基层组织是党的肌体的“神经末梢”，要发挥好战斗堡垒作用。落地才能生根，根深才能叶茂。加强党的基层组织建设，关键是从严抓好落实。当前，党的领导落实到基层还有不少“中梗阻”，在中小学、医院、科研院所，党组织领导的校长（院长、所长）负责制还没有建立起来。党的力量来自组织，没有健全的组织，力量就会大打折扣。2022 年下半年，党组织领导的校长负责制在北京市中小学展开了生动实践。

一、党建引领与学校治理的困境

中小学校领导体制改革的相对滞后，形成了学校党组织建设与学校治理能力提升之间的障碍，学校党组织与学校建设本身对应关系的不匹配，造成了学校党建引领、学校治理效能实现的现实困境。作为乡属学校的胡芦垡中学，确实存在着这方面的问题。回归区委教育工委管辖之前，学校党组织建设存在短板，党建平台亟待加强，这些问题主要体现在以下两个方面。

一是学校党组织政治功能弱化，组织力不强。党组织政治功能在中小学是弱化的，构建党建引领学校治理新格局，已经成为当前和今后一个时期必须研究和解决的重要课题。一方面，学校党组织开展的活动主要集中于上级党组织部署的主题教育、公益、政务活动等，对学校治理中各方利益冲突缺乏主动参与；另一方面，几年前，乡属学校的学校

① 本文作者系北京市房山区葫芦垡中学党支部书记、校长段文海。

党组织关系主要隶属乡镇党委，党建工作基本上是只完成必须做的党务工作。

二是学校党组织在学校治理中边缘化，领导力缺失。学校党组织管理水平不足，以党组织书记、副书记为代表的基层党组织采取自上而下的科层制管理与现代学校治理理念不匹配。这种按照自上而下的行政化路径开展的单向科层制管理，在校长负责制的学校管理中优势不显，作用发挥不出，学校党组织的领导力自然丧失。因此，现代学校治理中，作为主导力量的基层党组织堡垒作用没有完全实现。

中小学校党建与现代学校治理面临多重困境，从困境突围的核心在于重构有效治理路径，关键在于完善制度框架。构建符合“党组织领导的校长负责制”制度要求的学校治理格局，成为学校党支部当前党建工作的重中之重。房山区委教育工委牢固树立“把抓好党建作为最大政绩”的意识，不断推进教育系统党建工作提质增效，努力实现全系统党的建设从党建意识向党建思维转变、从党建责任向党建科学转变、从忙于事务向探索规律转变、从完成任务向发挥作用转变、从按部就班向品牌培育转变、从任务累加向有机整合转变，系统谋划党建与中心工作，引领教育强区建设，努力使全系统党建工作实现政治上统领、思想上统一、组织上统筹。

二、党建引领学校治理的葫中实践

（一）加强研究：厘清党建引领与学校治理的逻辑关联

为了更好实现党建的引领力度，使学校能更进一步加强治理能力，学校党支部成立了课题攻关组，在全面转变干部教师观念上，加大研究力度。

党建引领学校治理水平提升是新时代学校治理的必然要求，推进学校治理体系和治理能力现代化，能够为落实立德树人根本任务提供全面制度保障。推进学校治理，必须在党组织的领导下才能更深入、更持久，中小学只有坚持党组织领导的校长负责制，才能更进一步健全党组织统一领导、党政分工合作，集体领导和个人分工负责相结合、协调运行的工作机制。学校党组织会议和校长办公会议（校务会议）要坚持科学决策、民主决策、依法决策，学校治理体系和治理能力现代化要求学校的治理要坚持科学、民主、依法，因此，党组织加强党建引领学校治理是学校实现治理体系和治理能力提升的必然路径。那么，学校在党建引领治理过程中，要充分考虑哪些要素呢？也就是说，学校党建引领学校治理有着怎样的逻辑基础？理论依据是什么？如何实现引领？这几个要素如何融合落位？

在由管理逐步走向治理的实践中，党支部要利用自身的政治属性、组织优势、较为丰富的党建资源引领干部教师、学生、家长及社区热心教育人士参与到学校治理中来，并不断将优秀党员干部、教职员工下派到党小组和其他群团组织中去，号召所有党员和入党积极分子充分发挥先锋模范作用，成为普通教职工、学生及家长眼中的"能人"，增强大家的认同感。学校党支部一直在倡导"解决党员不是能人问题，能人不是党员问题"。其实，这就是"双培养"，学校党支部要培养一批"党性强、业务强"的"双强型"党员干部、教师，让他们在推进学校治理过程中发挥主力军和先锋队的作用。当然，学校治理不是只有学校本身在努力，上级组织为此已做好相关准备工作。教育工委积极为基层学校选好配强学校领导班子，特别是党组织书记和校长，注重选拔党性强、懂教育、会管理、有威信、善于做思想政治工作的优秀党员干部担任学校党组织书记，着力培养政治过硬、品德高尚、业务精湛、治校有方的校长队伍，这就是在为基层治理做人才准备和组织准备；大力推动中小学校党组织领导的校长负责制，就是在为学校治理提供体制、机制保障。

另外，学校党支部能够引领学校实现由管理走向治理是制度规定。党组织领导的校长负责制是学校领导体制的变革，重新界定了学校权责体系，这是党组织实现统筹引领的体制机制保障。学校党组织统揽学校全局，主要把控学校办学方向、治校方略，校长在学校党组织领导下，按照党组织集体决议依法行使教育教学、行政管理、队伍培养等职权。领导体制的变革，进一步回答了中小学要“培养什么人、怎样培养人、为谁培养人”这一首要问题。

孙小勇在《人民日报》撰文：“推动基层治理现代化，管党治党是保障……加强党对基层治理的领导，将基层党组织的政治优势、组织优势转化为基层治理效能，是党不断提高执政能力和领导水平、实现治理能力和治理水平现代化的必然要求。”[①] 黄冈师范学院的沈胜林教授认为，党建引领学校教育治理现代化，是新时代教育发展的根本要求。党建引领为学校教育治理现代化提供了方向和指南，学校教育治理体系的复杂性，需要党建发挥引领作用；学校教育治理目标的确立，需要以党建作为支撑；学校治理主体的多元化，需要加强党建统筹作用；学校教育治理的方法与手段需要结合党建工作予以优化。[②]

（二）加强学习：以它山之石铸造支部堡垒

学校党支部引领党员干部、教职员工加强深入学习，重点学习了三个取得突出成效的治理经验：枫桥经验、平谷模式、赤岗模式。

20 世纪 60 年代初，浙江省绍兴市诸暨县（现诸暨市）枫桥镇干部群众创造了“发动和依靠群众，坚持矛盾不上交，就地解决，实现捕人少、治安好”的“枫桥经验”。枫桥经验以党建统领、人民主体、“三治”结合（自治、法治、德治）、“三共一体”（共建、共治、共享）、平安和谐等为核心要素，这是学校党支部必须好好研究借鉴的。

① 孙小勇．强化基层治理的党建引领 [N]. 人民日报，2022-2-16（5）.

② 沈胜林．党建引领学校教育治理现代化的理论思考与实践策略 [J]. 黄冈师范学院学报，2021，41（2）16-21.

为有效破解城市基层治理难题，2018 年，中国共产党北京市委员会在“平谷模式”基础上，探索设置了党建引领“街乡吹哨、部门报到”“1 号改革课题”：当街乡遇到需要跨部门、跨区域解决的难题时，由街乡“吹哨”，发出集结令；相关部门“报到”，让各类城市管理力量在街乡综合下沉、力量聚合，形成权责清晰、条块联动的体制机制。“街乡吹哨、部门报到”以赋权、下沉、增效为实现路径。[①]

此外，还有以坚持“再中心化”（党建中心与党建引领）进路，引领多元主体在社区治理中有序参与、有效参与和规范参与的广州市“赤岗模式”。[②] 赤岗街党建模式从最早的“联促会”“303”工作室，发展到现在的评议团、“党建 +”实践基地，内容不断丰富，架构基本成型，成为城市党建的新路子。

从以上案例可以看出，党建引领基层治理有章可循，有经验可以借鉴。

（三）实践改进：党建引领学校治理走实走深

北京市房山区葫芦垡中学（以下简称葫中）构建了“党支部当舵手、校委会抓执行、师生家长齐参与”的学校治理新格局；探索过程中不断更新观念，实现办学治校观念的现代化；持续转变行政化的管理方式，尊重教育管理规律，坚持依法治校、民主治校；进一步健全制度，积极推进学校现代化制度建设，完善内部治理结构；努力深化改革，把学校制定的《党组织领导的校长负责制实施方案》落到实处；不断加强队伍建设，打造高素质的管理、教学科研和服务保障队伍；持续加强内

① 共产党员网．街乡吹哨 部门报到——北京以党建引领破解城市基层治理“最后一公里”难题[EB/OL].（2019-07-18）[2023-04-17].https://www.12371.cn/2019/07/18/ARTI1563416799243226.shtml.

② 张开云，王雅珠，赵虎．党建引领、多元联动与居民为本：社区治理创新的基本向度：基于“赤岗经验”的研究[J]. 福建论坛（人文社会科学版），2019（6）：179-185.

涵建设，实现学校发展战略重点的转变，在“脱贫”的基础上逐步实现“优质”。

为此，葫中党支部选择的路径就是，加强制度建设，优化治理效能。“没有规矩，不成方圆”，有了规矩，不去执行等于零。制度的生命力在于执行，好的制度如果没有执行或执行不力，就不能转化为实际的治理效能。首要的制度，就是以党建为引领，实现党对学校治理的全面领导。核心要点就是让《党组织领导的校长负责制实施方案》落地，在党组织会议讨论决定事项清单、党组织书记和校长职责、党组织会议和校长办公会议议事规则，尤其是学校章程等的制定上下足功夫，在认真组织实施上不遗余力，这样负责任的态度，才能为党建引领学校治理能力提升奠定坚实基础。着力推动学校章程修订工作，建立领导干部定期向党组织报告工作制度，书记、校长及其他领导班子成员要定期向党组织报告执行党的决议、履行“党政同责、一岗双责”以及抓重大任务落实等情况，保证对决策实施的监督。①

学校党支部要进行顶层设计、统筹布局，校长带领校委会一班人马加大落实力度。一是推进德育体系建构综合改革，实现“三全育人”。学校始终坚持立德树人，为党育人、为国育才，牢牢掌握意识形态工作领导权，推进“思政课程”与“课程思政”双轮驱动，构建以“志成”为核心的校园文化，构建“三全育人”格局，打造思政育人共同体，培养德智体美劳全面发展的社会主义建设者和接班人。二是推进内部管理改革。坚持以党建引领改革，增强学校发展内生动力。设计科层制与扁平化管理相结合的管理体制，把党建小组建立在年级，完善教育教学质量保证体系，促进葫中办学治校高质量内涵式发展。三是推进家校社联动机制改革。建立“三级家长委员会”会商机制，建立学校民主治理共同体；结合城乡一体化政策，与其他学校强化对接、融合机制；利用帮扶

① 王鸿杰.中小学校党组织领导的校长负责制的四大推进策略[J].中国民族教育，2022（4）：24-27.

机制，建立学习、研究共同体，携手共进。

总之，学校党员干部要善于通过历史看现实、透过现象看本质，把握好全局和局部、当前和长远、宏观和微观、主要矛盾和次要矛盾、特殊和一般的关系，不断提高战略思维、历史思维、辩证思维、系统思维、创新思维、法治思维、底线思维能力，为学校党组织以科学的党建引领学校治理提供政治保障、组织保障、能力保障。

以人为本，刚柔并济，提升学校管理水平[①]

在学校管理工作中，既要有刚性的管理制度，又要有柔性的人文关怀，只有做到刚柔并济，使制度管理与人文关怀相协调、相统一，才能提升学校管理水平。

制度是维系学校发展的基本要素，是学校管理的基本手段，能够使学校的办学目标朝着良性方向发展。制度是靠人自觉遵守来维持的，如果有人出现违反制度的行为，就要给予他相应的惩戒，这就是制度的刚性所在。在管理实践中，制度的刚性和管理的柔性之间难免会有冲突，需要关注严格执行制度给教职工带来的负面影响。因此，如何把握学校管理中的“刚”和“柔”，把握制度性和人文性两者之间的关系，实现刚柔并济，是学校管理必须深入思考和研究的问题。

一、刚性管理与柔性管理的对比

（一）刚性管理的基本主张及思想渊源

“刚性管理”即制度化管理，是通过行政组织运用行政手段，以规章制度为中心，凭借制度约束、纪律监督、奖惩规则等手段，对管理对象进行管理。这种管理方式强调纪律，具有强制性和权威性。现代社会越来越提倡法治，讲究规则，因为规则是公平的，人需要得到公平的待遇，以获得心理平衡。譬如，在学校考核评估、职称评选这些关系到职工切身利益的问题上，如果不按标准办事，就会引发是非议论，严重的将挫伤教师积极性，影响大局稳定和关系和谐。

① 本文作者为北京市房山区北洛中学党支部书记、校长陈勇。

从管理思想的渊源来看，刚性管理体现了法家的管理思想。法家思想主张“法、势、术”三者并重，认为“法”是制度安排，“势”即现在的职位权利，“术”为监督、考核等种种办法。在法、势、术三者中，法是中心，势与术是行使法的必要条件。法家注重创造公平的社会环境，提倡“循天顺人而明赏罚”，要求讲规则，讲约束，讲程序，讲控制，强调重视人，遵循事物发展规律并且顺从人心。

（二）柔性管理的基本主张及思想渊源

“柔性管理”是相对刚性管理提出来的，注重“以人为中心”，其是一种在研究人的心理和行为规律的基础上，依据共同价值观和文化、精神氛围，采用非强制性方式在管理对象心目中产生一种潜在的说服力，从而把组织意志变为个人自觉行动的人格化管理。这种管理方式主要以人的心理、行为、形象等诸方面去实施，具有情感性、亲和力和人文色彩。“柔性管理”即人性化管理。

柔性管理体现了中国古代儒家的管理思想，儒家管理思想以“仁”为核心。孔子认为，“仁”是做人的核心，“礼”是行为的规范，两者不可分割，“克己复礼为仁”[①]。儒家把人的因素看作统治的首要因素，如荀子提出的“君者，舟也；庶民者，水也。水则载舟，水则覆舟”即为至理名言。[②] 儒家思想强调“修己安人”“举贤任能”“任而能信”，遵循由管理自我到管理家庭，再到管理国家，继而达到“大同”社会的管理逻辑。

---

① 孔子．论语[M]．杨伯峻，杨逢彬，译注．长沙：岳麓书社，2018：145.

② 荀况．荀子[M]．西安：西安交通大学出版社，2013：86.

二、加强制度建设，让管理有力度

（一）学校制度建设的意义

1. 保证全面贯彻落实党的教育方针

教育是国之大计、党之大计。党的十八大以来，以习近平同志为核心的党中央高度重视培养社会主义建设者和接班人，坚持把立德树人作为教育的根本任务。学校党员干部要从党和国家事业发展全局的高度，落实立德树人根本任务，培养德智体美劳全面发展的合格建设者和接班人。

国无德不兴，人无德不立，落实立德树人根本任务，是实现学校高质量发展的必然要求。学校章程、规章制度的制定要全面贯彻党的教育方针，紧扣落实立德树人根本任务，致力于培养德智体美劳全面发展的社会主义建设者和接班人。

2. 保证学校依法运行、规范管理

依法治校、规范管理是实现学校可持续发展的需要，是促进教师发展的需要，是实现现代学校民主管理、提高办学质量的重要举措。学校的制度建设要严格按照新时期党的教育方针，国家有关教育行业的法律、法令、条例、章程，根据上级教育管理部门的规章制度制定和实施。学校章程是依法治校的纲领，是实施科学管理的准绳。

3. 保障全体师生的合法权利

学校要实现可持续发展，就必须制定基本行为规范，这就是制度。维护制度的刚性，执行者才有规矩，制度面前人人平等，它要求一把尺子量到底，任何人、任何事都不能例外。如果制度存在弹性，就会有人去触碰制度底线，制度的严肃性和权威性就会受到损坏，进而失去维护秩序、促进公平的意义。因此，学校党支部要确立对制度的正确认识，维护制度的刚性约束力，保障师生的合法权利。

4. 保障学校可持续发展

在一定程度上，制度决定学校办学的高度和持续发展。学校要建章立制，做到依法办学、按章治校，以规范的制度建设提升整体管理水平和育人水平。科学合理的制度体系能发挥其强有力的规范、引导、激励和保障功能，进而维持正常的教学秩序，保障师生的合法权益，激发教师的工作热情，促进学校工作全面发展。一所学校的管理，无论是思想引领，还是文化立校，都必须建立在基本的制度之上，否则，学校的管理就会成为无本之木、无源之水。

（二）学校制度建设应遵循的原则

1. 合法性原则

学校规章制度是根据党和国家的方针、政策、法规，按照教育规律和学校实际情况，对师生的工作、学习和生活等行为提出的具有约束力和一定强制性的准则和规范。因此，学校建章立制必须遵守党的教育方针，遵照国家的法律、法规，在上级教育部门颁布的相关规章制度的前提下制定。学校所制定的规章制度不能超越学校的职权范围，要把本来应该由法律、法规规定的内容规定在学校的规章制度中；不能超越职权自行设定或变相限制师生权利、增加师生义务；不能对思想性、道德性的事件做出处罚性规定，只能提示、倡导，出现错误只能批评、教育，不得有惩罚性规定。

2. 可行性原则

学校教育管理必须遵循社会发展规律，遵循人的成长规律和认识规律。在学校制度建设中，既要严格贯彻落实党的教育方针，又要尊重教育规律，符合学校实际，体现学校自身特点。学校管理人员要围绕学校中心工作，对教职工的岗位职责、考核、聘用以及教育教学常规、培训、教学科研等进行规范。规章制度要有利于推动工作，调动广大教职工的积极性，不要为了管住少数人而伤及大多数人。

3. 导向性原则

学校制度建设要体现正确的价值导向，具有教育性，要注重师生的发展需求，注重师生合法权益的保障。制度好可以使坏人无法任意横行，制度不好可以使好人无法充分做好事，甚至会走向反面。学校规章制度是社会主义核心价值观的制度化形态，要把核心价值观培育与制度建设紧密结合起来，把正确的价值观鲜明地体现在规章制度中，形成有利于师生坚定理想信念和树立正确的世界观、人生观、价值观的长效机制。学校的规章制度离开了一定的价值取向，就失去了内核和灵魂。

4. 发展性原则

制度稳定是相对的，变化是绝对的。学校管理人员适时对规章制度进行审查、清理，及时建立新制度，废除、修改、完善相关制度，是制度文化建设与时俱进的体现，能够展现出制度的生命活力。随着学校的发展、形势的需要，相应制度也要及时修订、完善，这是一个持续的过程。

三、注重人文关怀，让管理有温度

在学校教育管理中，“柔”的无形威力往往大于“刚”的坚固。柔性管理采用的是非权力性手段，能拉近双方的心理距离，产生一种潜在的说服力，对教师产生长久、深远的精神激励作用，成为凝聚人心的内在动力。

（一）人文管理是基于对教师职业的尊重

管理不仅是一种约束限制，更重要的是其能够通过管理促进人的发展。人文管理是学校管理的灵魂，是在制度化管理的基础上彰显以人为本的管理理念，能够激发每个管理对象的内在潜能和创造力。因此，人文管理必须建立在对教职工工作特点、心理特征充分了解的基础上。

1. 教师的工作特点决定了人文管理的必要性

教师除完成上课等教育工作以外，备课、辅导、批改作业、教研及家访等，都很难在八小时工作时间内完成。教师的工作是没有时间和空间限制的，他们的工作数量和质量也是难以用一个标准尺度来衡量的。学校在教师保质保量完成教学任务的情况下，给教师以充分的自由支配时间，可以提高教师工作的积极性和效率。

2. 教师的职业特点决定了人文管理的持续性

教师的职责是育人，人的培育是一个长期教育与培养的过程。如果在评价教师的工作时，只用教学成绩或者学生的考试成绩评价教师，很容易对老师形成误导，使其只抓成绩，不管育人。学校在对教师的工作业绩进行评价时，要多关注过程性评价，多看到老师在育人方面的长期性，淡化结果性评价，尤其是要淡化单纯以教学成绩作为评价老师工作业绩唯一标准的观念。此外，学校要引入多元评价、综合评价，在多元评价中看到老师工作的特殊性，肯定老师的育人价值，让育人始终成为老师的职业追求，让老师不再过分关注评价结果，而是更多关注评价的育人导向，让刚性的制度评价彰显人文的管理情怀。

3. 教师的职业身份决定了人文管理的特殊性

教师具有为人师表的社会期待和强烈的自尊心，他们不仅希望得到学生的尊重，更希望得到领导的尊重。因此，学校管理人员要尊重和理解教师，信任教师，给教师以平等感。在工作落实中，学校管理人员要多看优点，少指责、少抱怨老师，尤其不要在公众场合动辄指责个别老师的不足，要多帮助老师找出错误的原因，耐心给予指导；要营造宽松、和谐的人际环境，让老师在受尊重、受信任、受鼓励的环境中工作，这有利于他们工作能力的发挥，有利于他们的成长与发展，从而保障学校管理向着良性、健康的方向发展。

教师职业的特殊性使教师具有求知进取、善于思考的特点。大多数教师自我实现的愿望比较强，尤其是职业成熟度高的教师，他们有着追求事业成就的强烈愿望，其事业心、责任感强烈而持久。学校要为教师创设良好的工作氛围，为教师搭建成功的舞台，将学校的发展和教师自身的发展紧密结合起来，创造一切条件使教师不断成长和发展。

（二）人文管理是学校民主管理的需求

实施人文管理，要满足教师的合理需求，对他们政治上鼓励、工作上支持、生活上关心；要充分尊重和信任教职工，发挥他们的才能和特长；要发挥管理者的榜样示范作用，严于律己、率先垂范，影响和带动教师，引起教师情感上的共鸣和行为上的统一；要引领教师的专业发展，整合教师个人与学校发展目标，帮助教师加速专业发展步伐，努力让他们的教坛人生更加精彩。

1. 树立民主化的管理理念，发挥人文管理的精神激励功能

人文管理重视对教师的情感培养和内心激励，学校要引导教师参与学校管理，增强教师的主人翁意识和工作责任感，达到有效激励的目的，也可以使教师全面了解学校情况，提高对学校管理决策的承认和接受度；要注重对教师的自我管理、自我激励，让教师根据学校发展目标和工作任务，自主制订计划，实现自我管理，达到自我完善；要保障教师民主自由的学术权利，减少对教师进行强制性和监督性的管理，多提供一些方向性和指导性的意见和建议。

学校实施民主管理过程中要注重民主参与，增加透明度，提高管理效益。学校的重大事务，如制定学校章程、学校发展规划、绩效分配方案等都要集中全体教师的智慧，广泛征求教师的合理化建议，让教师参与制度的建设过程。学校管理的最高境界是“让每个教职员工都感到自己重要”，使每个人的积极性最大限度地迸发出来。凡涉及全校教职员工利益的，都要提交学校教职工代表大会讨论、征求意见，目的是让制定规章制度的过程成为统一思想、认识学校、发现学校的过程。

2. 关注教师的情感需要，发挥人文管理的情感凝聚功能

学校人文管理的核心在于挖掘情感对行为决策的正向引导力，用情感来凝聚人心。学校在人文管理过程中，要注重投入真情，让教师置身于情感的磁场，使其产生归属感，以积极的心态更好地工作；要多接触教师，加强沟通，把握教师的思想脉搏、内心世界；要真诚地关怀教师，时时处处站在教师的角度考虑、安排，为教师提供生活、工作上的便利。

3. 构建良好的学校文化，发挥人文管理的价值导向功能

学校文化是一所学校独特的风格或精神，是联系和协调学校全体成员行为的纽带，是学校的灵魂。良好的学校文化是教师成长发展的沃土，对于增强学校的凝聚力、向心力和持久力，以及推动学校的发展具有至关重要的作用。

四、刚柔并济是学校和谐发展的双翼

管人重在管心，制度的执行是一种外显的行为控制，具有强制性，学校要想实现管理的从容自如、游刃有余，就应该在刚性的制度中加入柔性的管理，使两者如同张开的双翼，助力学校发展。

（一）让刚性制度成为柔性管理的落脚点

柔性管理是一种“以人为中心”的管理，是一种在尊重人的心理和行为规律基础上的非强制方法，它以人文关怀为手段，带有明显的感情色彩。柔性管理没有完善的规范、体系，没有硬性指标，仅凭个人的感受、体验进行管理，具有一定的局限性。现代学校管理的实践证明，没有健全的规章制度，仅凭人文管理，学校无法对教育教学活动进行计划、组织、协调和控制，就会出现管理的无序状态以及“头痛医头，脚痛医脚”的被动局面。同时，人文管理对教师的个人素质具有一定的要求，如果教师的思想尚未达到自律的境界，往往无法保证工作任务的顺利完

成。因此，柔性管理必须以刚性制度为出发点，通过制度管理维持正常的工作秩序，调节各种利益关系，确保学校协调、有序、健康发展，保障师生更好地学习、工作和生活。

（二）让柔性管理成为刚性制度的内驱力

刚性管理以规章制度为中心，用生硬的制度约束人，它过于强调机械统一，往往会使人产生抵触情绪。教育是生命的对话、心灵的交流，教师从事的是精神创造的工作，更加注重主体性需要和个体价值的实现，更加注重人际和谐。在这种背景下，刚性制度必须借助柔性管理的力量，将各项规章制度的内涵、意义通过教师个体认知结构，合理地理解、内化为指导自己行为的内隐理念，通过情感作用，促使教师自我教育，使其实现从他律走向自律，从自律走向“从心所欲不逾矩”的境界。

（三）把“人文”写入制度，让制度“软着陆”

学校在设计相关制度时，要遵循教育规律，以保护人的自尊、激励人的情感和彰显人的价值为出发点，使制度成为激励教师工作积极性的载体，而不是扼制教师创造性的条条框框。制度内容可以反映学校的管理思想，好的制度在执行中浸润着人文思想，慢慢也就转变为一种制度文明、学校文化。制度管理是刚性的，但不是僵化的，切不可采取简单粗暴的方式进行操作，要善于运用人性化的操作策略，触摸人的内心世界，关注人的情感需求，多一点透明度和人情味，得到大多数教师的理解。

学校管理既需要制度化的刚性管理，也需要人文化的柔性管理，刚性制度与柔性管理相辅相成，相得益彰。刚性管理如同人的骨架，人文管理犹如人的血脉，离开了刚性的管理，学校运行将混乱不堪；离开了柔性的管理，学校发展将缺乏活力。只有努力达成刚性制度与柔性管理之间的完美结合，实现学校管理中制度管理与人文管理的和谐统一，学校才能构建起张弛有度、严格有序的工作秩序，形成相互尊重、理解、沟通、信任的人文环境和团结、合作的群体关系，也才能在和谐的校园文化环境中，让师生怀着快乐的心情去学习、工作、生活，不断提高工作、学习的质量。

家校协同的路径与方法①

在教育改革进程中，家校协同显得越发重要，它既对学生的健康发展起着至关重要的作用，也是学校教育质量提升的重要增长点。所以学校一定要把家长拉入教育的阵营，让家长成为懂教育、支持教育、协同教育的主力军。近年来，北京市房山区良乡第二中学围绕家校协同工作开展了积极有效的探索，也取得了一定经验和成果。

一、科学认识家校协同的现实意义

（一）家校一心，通功易事

学生的成长环境除了学校，还包括家庭和社会，学校教育离不开家庭的支持和配合，离不开积极健康的家庭环境。学校、家庭必须在教育目标上一致，在时空上密切衔接，积极互补，形成以学校为主体、以家庭教育为基础、以社会教育为依托的教育格局，发挥教育的整体效应。所以，学校要积极争取家庭共同参与和支持学校教育工作，采取多种方法引导家长注重家教、注重家风，营造积极向上的家校协同氛围。

（二）家校携手，共促发展

家校协同即家庭与学校通过沟通与相互配合，合力育人的一种教育形式。通过家校协同，孩子能够受到来自学校和家庭两方面的教育，这两方面的教育是相辅相成的，终极目的是使孩子健康成长。家校协同对

① 本文作者系北京市房山区良乡第二中学德育副校长刘刚。

学生的健康成长、家长教育水平的提升，以及学校教育环境的优化都有重要意义，脱离家庭教育的学校教育和脱离学校的家庭教育都是不完整的教育。因此，两者必须联合起来，形成一股强大的教育合力，为青少年的发展奠定坚实的基础。

二、深入剖析家校协同的现状及问题

（一）家校协同面临的普遍问题

1. 家校协同被边缘化

对于有些学校来说，中心工作是学科教育、德育工作等，家校协同被置于学校事务的边缘，没有纳入学校的中心工作。

2. 家校协同追求形式，缺少实效

家校协同的形式比较单一，仅仅是每学期召开家长会，但家长会也缺乏设计，无法产生实效性，更无法满足家长的个性化需求。

3. 家校缺乏有效的沟通途径

学校忽视家长的反馈与家长资源的开发。家长委员会成为家长代表报告会，家校沟通网络平台成为发送作业的平台。

4. 家长思想认识上有误区

有些家长没有家庭教育经验，缺乏学习意识，对家庭教育重要性认识不足；还有些家长整日忙于工作，没时间顾及孩子的教育。

5. 家校协同过程中忽视学生的中心地位

学生是家校协同的纽带和焦点，学生的健康成长是家校协同的最终目的。现实中，学校没有把学生发展放在中心位置，仅仅把家校协同看作解决家校纠纷的途径。

（二）了解家校协同面临的具体问题

要想解决家校协同中存在的问题，首先要找到痛点，挖掘问题实质。

北京市房山区良乡第二中学在执行“双减”政策过程中对家长进行了问卷调研，通过分类汇总得出以下结论。

第一，家长对教育的重视程度非常高，在重视成绩的同时更关注孩子的身心健康和兴趣爱好。这说明更多的家长抛弃了原有的唯成绩论思想，对孩子的成长持更加科学、理性的态度。

第二，家长在教育方法上还存在问题，只关注结果却忽视了取得结果的过程。同时，家长对良好习惯养成、促进学生学习成绩提升的认识很清晰，但是苦于缺乏具体的方法。

第三，家长对孩子出现青春期逆反问题缺乏必要的心理准备和方法准备。因此，学校必须从学生的学习习惯培养和学习方法指导上入手，提升教学质量，要落到实处，不能只喊口号。

第四，电子产品对学生的学习确实产生了很大的影响。手机管理规定出台后，学生在校期间的手机使用得到了控制，但是如何控制学生在家使用电子产品，合理管理自己的课余时间是一个新的问题。

第五，提升学生学习的内驱力是必需的，这一点无论是家庭还是学校做得都不够。首先是家庭缺少这种意识，也缺乏方法；其次是学校缺少相关的具体措施，即使有也收效甚微。

三、系统谋划，推进家校协同取得实效

（一）因需施训，做好家庭教育指导

1. 了解需求，量体裁衣

培训是提高家庭教育水平的重要途径。培训主题内容的选择通过以下途径产生：首先，通过班主任的前期调研，汇总出现阶段急需家长配合的内容；其次，通过走访家长、问卷调查等方式了解家长实际所需。由于培训主题根据实际需要而确定，具有很强的时效性，所以每一个阶段的主题都会有所不同，如学期初以习惯养成、时间管理等为主要内容，

学期中以心理健康、阅读指导、亲子沟通等为主要内容。

2. 资源整合，优势互补

学校要利用好校内外资源，选择恰当的培训方式。以班主任为核心的校内教师毋庸置疑是开展家庭教育培训的主要人选。此外，还可以利用优质的校外资源，如与校外专业的家庭教育公司合作，邀请专家开展家长培训。学校可以将这些校外资源经过筛选和重组后进行课程设计，形成适合学校的课程体系。

3. 细分人群，分类培训

针对家长的培训形式包括线上、线下课程。线上课程以家庭教育知识普及为主，内容设定以家长的共性和普遍性问题为主。例如，良乡二中针对不同年级的家长安排了智慧父母线上课程：初一选择了《如何帮助孩子戒掉手机瘾》课程、初二选择了《孩子对抗叛逆怎么办》课程、初三选择了《如何帮助孩子树立人生理想》课程。线下课程主要针对特定人群解决具体问题，如家长对孩子教育非常重视，但是苦于没有具体方法或者方法不正确；孩子在某些方面存在很大问题，自己束手无策，急需专家指导；家长需要改变亲子关系现状，改变沟通方式，缓和家庭矛盾；等等。线下培训可以以应用心理学为基础，采取小班制、交互式、沉浸式体验、角色扮演等形式进行。

（二）发挥家委会的桥梁纽带作用

学校家长成员众多，要想听到每一个家长的心声是非常困难的，这也是成立家委会的价值所在。学校可以成立班级家委会，在此基础上成立校级家委会。学校可以为家委会建章立制，规定家委会的权利和义务，召开家委会代表大会，主要研讨和学生学习、生活息息相关的问题。例如，中午就餐问题、体育锻炼问题、中考改革问题、学生近视率和肥胖率问题。学校要积极听取家长的反馈意见和建议，促进学校管理水平的提高。

（三）挖掘家长资源，开办家长讲堂

1. 开办家长讲堂意义深远

首先，有利于学生开阔视野，激发兴趣。家长讲堂活动可以为学生打开一扇观察社会的窗户，能够弥补一味说教的教育方式，有效避免学生的审美疲劳，激发学生的学习兴趣。其次，家长参与学校课程在一定程度上对孩子是一种促进，能够使孩子产生自豪感，增强责任感，提高孩子的自信心。家长讲堂是很好的亲子教育策略，家长、教师、学生为了完成同一个任务，都会主动合作、协调。家长讲堂不仅可以增进师生之间的情感，还可以拉近家长与孩子的距离，使家长与孩子之间的情感日趋笃厚。此外，开办家长讲堂有利于增进家校的了解，缓解家校矛盾。家长可以走进学校了解校园文化，走进班级了解班级文化，经过换位思考，体验到教师的辛苦。同时，老师通过与家长接触，能够更加清楚家长的期望，使自身努力的方向更加明确。

2. 开办家长讲堂的前期准备

开办家长讲堂需要做好前期调研，细致分析家长的构成特点。例如，良乡二中位于房山区良乡的中心位置，家长大部分有稳定的工作，其中有一部分在各个单位负责要职。家长从事的工作领域很广，涉及各行各业，整体素质较高，眼界开阔，有部分家长具备进入课堂讲课的能力。

班主任通过家长会开展调查，积极与家长联系，结合课程内容需要和家长的自身情况对家长进行筛选，商定家长讲堂的具体内容，提出上课的具体要求，协商上课的具体日期，最终筛选出合适的人选。

3. 家长讲堂课程内容范围

班主任根据家长的职业特点、特长和学校的教育工作需要选择相应主题。主题要求积极向上，健康有趣，结合学生生活实际，内容不用限定在现有的学科，越宽泛越好。例如，安全教育、环境保护、青少年保健知识、常见病预防、中国传统文化等等。

4. 开办家长讲堂的注意事项

教师要做好课前对家长的培训，要提醒家长注意语言文明，注意正确价值观的引导。同时，班主任要协助家长提前做好课前准备工作，可以让学生和家长一起准备讲课的PPT或者文档，这对学生来说不仅是一种历练，更是和家长沟通的好机会。学校还要鼓励家长尽量利用生活中的实例来授课，素材要结合学生的生活实际，尽量做到生动有趣，与学生互动会产生更好的效果。

（四）深入学生家庭，提供最优服务

1. 教育是一种服务

家长和学生就是学校教育的直接服务对象，家访是“教育即服务”观念的外化显现，是教师送“教”上门，送“学校服务”上门，体现的是一种服务意识。教师通过家访，能有效唤醒家长的教育意识。在家访的相互沟通中，家长不但可以了解一些教育的方法和技巧，树立教育信心，更能够体会到家庭教育对孩子健康成长的重要性，认识到家庭教育和学校教育缺一不可。

2. 家访的重点人群

校长和学校领导班子成员要带头参与家访，要特别关注离异家庭、单亲家庭、随迁子女家庭、留守儿童家庭等特殊家庭群体。通过家访，教师可以全面了解掌握学生家庭情况、成长环境、在家表现、学习与生活习惯，并与家长共同商讨促进学生健康成长的教育策略。对需要特别关注的学生，教师要与家长共同制定具体有效的个性化共育方案，共同引领学生全面发展。

3. 家访任务单的制定

学校要制定《家访活动记录单》，学校的领导干部、任课教师与各班班主任要认真落实家访任务并详细记录任务单内容。家访前，教师要拟定谈话提纲，注意沟通技巧，有特殊问题的要向班主任反馈，班主任要

及时反馈给领导小组协商解决。

（五）精心设计内容，彰显家长会的独特价值

家长会是学校、教师与家长沟通的最主要、最直接的方式，既是教师了解学生校外情况的重要途径，也是家长了解孩子在学校各方面表现的重要渠道，还是展示学校校容、校貌、校园文化、教师风采的窗口。合理有效的家长会，对促进学生的健康发展和成长有积极的作用。

1. 做好前期准备

充足的会前准备是开好家长会的前提。首先，班主任要围绕班级实际制定方案，在方案中确定家长会的主题、目的、内容、时间、方式、参加人员等关键要素。实施方案要切合实际、突出重点、时机适宜，主旨是让家长和教师交流的问题有明确的目标和针对性。其次，会前，班主任要根据学校的总体要求和部署，认真分析班级情况和当前学生的思想、纪律、学习等情况，有针对性地确定本班家长会的核心议题和内容，周密设计家长会的各个环节，认真备课，认真设计；有针对性地准备有关分析材料，如学生思想道德情况、成绩分析、阶段表现等。同时，要提前和发言的家长代表进行沟通，并准备需要展示的材料，如学生学业成果作品、优秀作业等。

2. 创设和谐氛围

班主任可以带领学生对会场（教室）进行精心布置，要在黑板上设计一些欢迎词和富于情感的标语，室内卫生要做到干净、整洁、清新，物品悬挂摆放要整齐，有条件的可摆放一些鲜花。班主任还要充分利用教室展示班级文化和学生的作品，如好人好事记录、班级日志、班级学生所获得的各项荣誉和证书等。

3. 形式灵活多样

家长会要打破由班主任一个人唱“独角戏”的形式，任课教师、家长或学生都可以参与进来。家长、学生、教师三方的互动沟通，要全过

程体现尊重、民主、平等、合作，教师可以邀请优秀学生家长作家庭教育经验介绍，开展学生学习经验交流，进行家教指导和学法指导等，让交流、沟通、研讨、互动、学习成为家长会的主旋律。

4. 内容充实丰富

家长会的核心作用是引导家庭教育向积极方向发展，让家庭教育配合学校教育，形成促进学生素质发展的家校合力。因此，在家长会上，教师不要以学习成绩为唯一议题，不要只说缺点不说优点，只说理念不说方法，而应全面关注学生的习惯养成和心理健康，让家长理解素质教育和全面育人观念。

家长会是一座桥梁，又是一方阵地，学校只有牢牢把握这一良好的教育契机，使家长在情绪上感动、思想上触动、措施上启动，让家长有收获、有启示、有措施，才能真正实现家校协同，促进学生健康成长。

盘活社会教育资源，助力学生全面发展[①]

党和国家的教育方针明确要求，教育必须为社会主义现代化建设服务，为人民服务，必须与生产劳动和社会实践相结合，培养德智体美劳全面发展的社会主义建设者和接班人。任何组织都不可能实现完全自给，都必须与环境进行资源交换，才能获得长久生存。同理，中小学校要想实现高质量发展，必须利用好各项社会资源。

一、利用社会资源的重要意义

资源可分为自然资源和社会资源两大类，前者包含阳光、空气、水、土地、森林、草原、动物、矿藏等，后者包括人力资源、信息资源以及经过劳动创造的各种物质财富等。

我国教育事业正站在新的历史起点上，处于提高教育质量、促进内涵发展的新阶段。利用社会资源开展社会实践是提高教育质量的必然要求，是促进教育内涵发展的重要内容。

利用社会资源开展学生社会实践活动，就是推动优质的社会教育资源面向所有学校开放，让每一个学生都有机会公平地享受社会优质教育资源。利用社会资源开展社会实践，有助于学生深入了解国情、民情，了解经济社会的发展，使他们将从书本中、课堂上学到的知识在实践体验中得到印证升华，增进学生对中华民族优秀文化的切身感受，以及对党、对祖国、对人民的真挚情感，培养学生的社会责任感、创新精神和实践能力。

学校利用丰富社会资源开展各类专题性教育，既可以使专题教育的

① 本文作者系北京市房山区昊天外国语学校副校长师文涛。

效果更好，也可以使社会实践的内容不断丰富和拓展。利用社会资源开展社会实践，对于学校更新教育观念，丰富教育内容，改革教学方法，创新人才培养模式，造就数以亿计的高素质劳动者、数以千万计的专门人才和一大批拔尖创新人才发挥重要作用。

二、利用社会资源的校本实践

（一）开发社区资源

影响学校教学效果的除了学校因素和家庭因素，还有社区因素。社区是学生生活、劳动的主要场所，是学生接受教育最灵活、最具体、最富有潜力的资源。对学校教育资源与社区教育资源进行有效整合，是教育创新实践的一种形式，也是学校教育回归社会必经的发展过程，它不仅能够提高学生对社会的适应性，而且还改变了传统的学习观念，使社区成为继续教育、终生教育的基地。

近几年，房山区政府投入大量资金开展城镇社区建设，对经济发展、社会文明建设发挥了重大的推动作用。社区设施配备齐全，服务功能完善，可利用资源丰富，是学生成长的重要环境，是其开展社会实践活动、丰富人生体验、拓展发展空间、提升综合素质的广阔天地。昊天外国语学校重视社区资源开发，利用良好的周边社区资源促进学生全面发展。

1. 成立社区教育委员会，加强学校与社区的联系

昊天外国语学校成立社区教育委员会，使学校教育与社会教育得到了有机的结合，有利于学生在教育时间、空间上的紧密衔接。社区教育委员会由社区相关人员、学校德育处主任及团支部书记组成。成立社区教育委员会的目的在于充分利用社区德育资源，开辟社会德育基地，改善和优化育人环境。社区教育活动能够培养学生的社会责任感，锻炼学生的组织能力、交往能力、协作能力、生存能力，促进学生合理智能结构的形成，使学生得到全面健康的发展。

2. 利用社区资源，开展学生实践活动

社区教育是学校教育的延伸，是实施素质教育的重要组成部分。昊天外国语学校充分利用社区资源，即场所资源、人力资源、活动资源开展社区教育活动，积极组织学生在课余时间、双休日、假期开展社会实践活动。

第一，开展社区服务实践活动。学校将社区作为加强学生思想道德建设的重要阵地，积极引导和鼓励学生走进社区，广泛开展爱心服务等公益活动，指导学生在关爱社区鳏寡孤独等弱势群体、维护社区公共卫生、保护社区花草树木、绿化美化社区环境等方面参与力所能及的服务。

第二，开展丰富多彩的文体活动。学校组织学生利用社区资源参与一些益智、益体、益德的文体活动，培养艺术素养，强身健体；鼓励学生参与文艺宣传、演出、书画等素质教育成果展示活动，丰富社区居民的文化生活。

第三，开展读书学习、动手实践活动。学校组织学生到社区图书室、阅览室阅读名著，开阔视野；利用网络资源，学习丰富知识储备；利用社区资源，开展小制作、小探究等多项活动，提高动手实践能力。

第四，开展社会考察、访问活动。学校组织学生参观、访问社区“五老”、模范人物、技术能手、民间艺人等，广泛了解农村变化、乡风民情、地域文化等，考察特色农业、特种动物养殖、高效农业示范区、现代企业、物业管理、商业网点、文化娱乐、教育设施、交通路线等；开展感受企业文化、追寻企业发展史、生产流程观摩、操作岗位体验等参观学习活动，加深学生对家乡经济建设的了解和认识。

第五，实践探究性和小课题研究活动。学校紧密结合区域实际，开展系列探究和研究性活动，如风土人情、气候变化等；进行社会调查活动，如生产生活用水状况、生活垃圾分类处理、白色污染、交通安全、学生的休闲生活、学生的消费观念与行为、学生的饮食与营养问题研究等。

（二）利用红色教育资源

1. 红色教育资源的内涵及分类

红色教育资源是中国人民在长期历史发展过程中形成的伟大的民族精神和中国共产党领导中国人民在革命斗争和建设实践中形成的伟大革命精神及载体。红色教育资源包括中华民族优秀传统和文化、战争年代形成的井冈山精神、建设时期形成的大庆精神、焦裕禄精神、“两弹一星”精神、98 抗洪精神以及反映这些精神的遗迹、文物、博物馆、纪念馆、展览馆、烈士陵园等。

2. 挖掘红色资源实质和教育价值

红色资源凝结着中国共产党的政治理念、价值追求、政治品格和精神风貌。用好红色资源，可以帮助学生增强“四个自信”，实现政治认同；增强学生对以爱国主义为核心的民族精神和以改革创新为核心的时代精神的理解等。所以，学校要把红色资源转化为教育资源，用红色文化引领学生健康成长，如结合红色资源，通过社会实践，明确培养学生“坚守理想、践行初心”“吃苦耐劳、勤俭节约”“自强不息、乐于助人”“谦虚谨慎、戒骄戒躁”“勇于受挫、敢于担当”“不怕牺牲、英勇斗争”等精神。

3. 融入学科课程，营造联动育人氛围

红色资源不同于课本上比较抽象和平面化的学科知识，其因真实、具体而有更强的感染力和教育意义。昊天外国语学校发挥红色资源的育人作用，形成红色资源与各学科相衔接的格局，一是在运用红色资源教学时，注重显性教育与隐性教育相结合，全过程、全方位对青少年进行熏陶；二是不拘泥于课堂教学，尝试开展延伸课堂，将红色资源嵌入学生日常的学习、生活活动，如通过引导学生参观红色资源教育基地，开展一系列主题教育，组织新团员入团宣誓仪式、写心得体会、红色教育主题班会、阅读红色革命刊物写读后感、观看红色题材电影写观后感、红色教育知识竞赛、红色主题演讲等活动；三是主动寻找当地红色资源融入学科教学的结合点，如历史教师可引入地方红色历史，音乐教师可教唱红色歌曲，美术教师可以组织学生把书画习作、剪纸与红色文化传承联系起来。学科课程结合教学内容引入红色资源，能够让学生在潜移默化中接受红色文化的感染，在学习知识中自觉传承红色基因。

（三）挖掘企业资源

学校可以把地方知名企业在先进的产品技术工艺、独特的企业文化、良好的管理制度、优秀的人才队伍等方面的优势作为开展学生社会实践活动的有利资源进行开发利用。例如，北京市房山区第二职业高中充分利用自身区位优势与北京某汽车公司探索开拓校企合作之路，为学校发展寻求丰厚的资源提供强劲的动力。

学校深入挖掘、充分运用企业资源，校企合作编写《企业文化导读》《我与新能源》等一系列校本课程，学生可以根据不同兴趣及发展特长进行自主选择。

学校通过一系列社会实践活动，组织学生开展研究性学习课题研究，包括地方企业品牌的调查、企业物流管理、绿化日常维护、企业水电管理、污水处理等项目的统计分析，让学生感知、体验、总结企业管理中的优秀做法和经验。

学校通过组织体验营、兴趣大讲堂、科学感知未来等活动，给学生们带来了生动、丰富、紧密联系实际的现代科学技术知识及运用体验机会，对提升广大学生的科学素质和智力品质、改进他们的学习方法起到了巨大作用。

（四）借力高校资源

高校资源包括人力资源方面的教师、同学、校友，还有教室、图书馆、体育场、实验室等资产资源、教材体系资源，还包括学生社团活动资源等。中小学校要根据区情、校情、师生情况、发展特色等内容充分对接与利用好高校优质资源，实现借力发展。

北京市房山区昊天外国语学校位于良乡东南部地区，毗邻良乡大学城，北京理工大学、首都师范大学、北京工商大学、北京农职院等高校均在学校附近，为学校发展提供了丰富的资源供给。学校以培养“明德、博学、雅行”的学子为目标，主动与相关高校开展紧密有效的合作，促进学生社会实践活动高质量开展。例如，昊天外国语学校通过在高校建立学生实践活动基地，与高校合作开发系列校本课程，把高校优质的教育资源与学生社会实践紧密对接，以课程化方式提升学生社会实践活动质量；与北京工商大学艺术与传媒学院建立艺术教育实践基地，共同开发了创意美术、文化衫设计、盘子画、小记者等课程，使学生受到文化艺术的熏陶。同时，与北京农职院开发了茶艺、调鸡尾酒、家用电器、会议策划等课程。

学生走进高校不仅开阔了视野，促进了实践创新，更见证了自己的成长进步。在每年六月第一周，昊天外国语学校都会举办“我站在舞台中央”学生综合素质展示活动，社区、企业、高校等社会资源单位和学生家长共同参加活动。一年一届的展示活动既检验了学校利用社会资源开展各项实践活动的真实效果，又见证了学生全面发展的工作硕果。

有效运用系统科学的党建思维，提升基层党建规范化建设整体效能[①]

学校党建工作是党基层组织建设的重要主题，学校党建工作规范化的管理是一项长期且复杂的工作，党建工作者必须立足实际、深入理解、正视问题、科学分析、探寻规律、找到路径，以系统科学的党建思维引领学校党建工作步入规范化管理的科学道路。

一、深入剖析、找出真问题

统一思想、转变思维方式是积极推动基层党建工作规范化、标准化建设的重要前提。作为基层党组织，要提高党建工作实效，必须适应新形势、新变化，立足实际，正视自己的缺点和不足，特别要坚持问题导向，突出问题整改的针对性和实效性，思想先行，才能压实党建责任，不断提升党建工作质量。

2021 年下半年，北京市房山区委员会教育工作委员会（以下简称区委教育工委）要求基层党组织领导班子、党组织书记和领导班子成员结合工作实际分管工作和岗位职责，结合存在突出问题，分类别、分层级、分岗位研究制定党组织主体责任、书记的第一责任、其他班子成员分管领域党建责任清单和全面从严治党任务安排。2021 年也是房山区教师进修学校党总支和校区支部委员换届之年，为了进一步加强换届工作与压实两个主体责任有机结合、扎实有序推进，学校党总支召开了支委扩大会议，共同交流和统一了对两项工作的共识与推进思路。

在交流研讨过程中，班子成员通过全面系统深入的分析，对上一届

① 本文作者系北京市房山区教师进修学校干部培训处副主任杨守鹏。

总支、校区支部推动年度党建重点工作、落实党建责任制、全面从严治党主体责任情况进行了梳理与回顾，提出了班子成员对新形势下基层党建工作的认识、研究不深入，抓党建与业务同责不同步、错位缺位，工作统筹与整合不到位、班子成员抓党建工作的合力不够，党务干部对相关党建工作程序不熟、业务不精，导致主体责任落实存在“空心”现象等问题，党建工作的执行与落实上形成了单点累加，大都处在被动、浅层地完成规定任务层面的工作效度上，缺少拓展、创新的思维与行动策略。

二、深度谋划、创设新模式

用创新思维谋划布局工作，才能推动党建工作规范化建设。学校在推进党建工作规范化建设的工作实务中，需要全面学习文件精神，保持最新的党建思想，将抓党建、抓全面落实到日常工作中，将基层党建工作各项管理规范落到实处、细处。

（一）提高认识，统一思想行动

着力优化党建工作体系，着力营造干部、党员全员参与、融入党建工作的良好局面。学校党总支、支部班子成员通过深入学习领会两个通知要求，从营造良好政治生态的高度进行自我分析研判，重点纠正偏颇认识和惯性思维方式，明确总支、校区支部发挥同向引领作用，构建党总支定向抓总推动、校区支部承载牵动、党小组先锋带动、党员先锋示范主动的格局与氛围，夯实双层次、双维度“战斗堡垒”，营造起全员参与、推进党建工作的体系。支委班子成员主体责任意识不强，参与融入不积极、不主动的现象问题得到根本转变；班子成员管党治党的政治责任、“一岗双责”正在向制度化、流程化转变与落位，两级支委从被动完成任务向主动发挥作用转变。

（二）细化分解年度党建工作任务

构建工作体系、建强工作队伍是学校党建工作的重要保障；构建工作体系、明确工作流程，推进台账式、清单式管理推进方法，使工作由单纯累加向有效整合、协同推进转变；构建监督、督办机制，按照年度学校党总支工作计划，对标党组织规范化要求，将政治理论学习、三会一课、主题党日、队伍建设、党建研究、统战群团与老干部、全面从严治党、创城、安全维稳等常态化工作任务分条目分解具体工作措施，按时间节点列出菜单，明确责任领导、责任部门和具体责任人，总支委员分别牵领各自职责范围的具体工作任务，明确标准要求、完成时限，将责任压力传递到人。支委班子按照工作分工，每项工作有牵头领导，在完成时限内有推进具体举措，落实责任处室和具体责任人，有效构建党总支部（委员会）—校区支部（委员会）—（专业系部、组室）党小组—党员的梯次（次序）参与学校党建工作的体系和机制，党总支发挥政治引领和定向把关作用，具体指导校区支部发挥战斗堡垒作用、党小组发挥战斗单元作用、党员发挥先锋模范作用，参与推动年度党建工作。学校支委班子将年度党建工作的各项目标任务具体到项目，量化到节点，落实到部门和责任人，提升了整体工作效能。

（三）做实清单式、台账式管理推进模式，有效压实“两个主体”责任

两级支委班子和班子成员结合工作职责与分工，紧密围绕学校中心工作落实党建工作责任，根据年度学校党建重点工作、责任清单、全面从严治党任务安排与分工，明确主体责任与工作分工，书记履行第一责任、其他领导班子成员履行政治责任、纪检委员履行监督责任。推动支委班子和班子成员按照清单和任务安排执行与落实具体的措施，明确三个清单，即总支和支部抓党建主体责任清单、书记第一责任人清单、领

导班子其他成员分管党建责任清单（“一岗双责”）。同步明确三项任务安排，即总支和支部深化全面从严治党年度任务安排、书记任务安排和班子成员任务安排。“三清单、三台账（任务安排）”均重点体现领导班子主体责任、书记第一责任、班子成员的政治责任，也体现了纪检委员在深化落实全面从严治党年度任务中的监督责任。通过细化推动“三清单、三台账（任务安排）”，使党建工作实现了从单点累加到多点协同的转变，逐渐形成了从书记、副书记、办公室主任、党务干部单线单点累加到两级支委班子分工协作，党员广泛参与、多点协同的整体氛围。

三、健全机制、落位有效能

用系统思维建立常态化、系统化的党建工作机制，引领基层党建规范化建设。

（一）协同工作机制

建立并实施总支部与校区支部、总支委员与支部委员、支委与支委之间的层级、人际协同机制。总支着力发挥把方向、统筹谋划作用，而不做“二传手”；校区支部发挥承上启下作用，而不做“传声筒”。总支、分支委员按照同领域工作分工，构建工作协作共同体、工作单元，合力提高工作效能；总支委和校区支委之间既分工，更强调合作，主动承担具有边界性的任务和难题，相互补台，同向迈进最后一千米。

（二）通报汇报机制

党建工作项目的具体牵头责任人要每周向总支委通报工作进展与完成情况，为总支掌握情况、把握问题、分析研判、进一步推进落实举措奠定基础。党总支定期召开工作研磨与通报会，将各支部工作推进中的重点和难点问题、推进的薄弱环节进行重点研判、重点推进和工作纠偏。

（三）监督督办机制

由总支纪检委员牵头，校区支部委员，民主党派、无党派代表，教育之星、人民满意教师标兵、骨干教师群体共同组成（临时）监督督办委员会，实施督办清单、过程评议和定期反馈的常态工作模式，定期列席专题总支委（扩大）会议，通报“两个责任”以及“三清单”“三台账”的履行和具体任务措施的落实情况，由临时监督督办委员会代表和党总支书记现场点评，有针对性地提出具体问题，作为下一步重点监督督办的主要内容。

（四）述职与总结报告机制

在每年度区委教育工委基层领导班子和领导干部考察前，总支委班子、校区支部班子成员分别面向全体教职工和校区教职工述职述廉，要将阶段性履行“两个责任”以及“三清单”“三台账”情况纳入述职述廉内容进行报告，这是党员干部考察评议的重要依据。每年 11 月底，总支委班子、校区支部班子成员分别面向全体教职工和校区教职工报告全年履行抓党建和全面从严治党主体责任情况，这也是党员干部民主评议的重要依据。在此基础上，党总支将形成年度党建工作总结（报告）和全面从严治党自查报告，抄告（或通报）全体党员，并向区委教育工委报告备案。

党员党建思想认识的高度决定了党建工作开展的广度和力度。党建规范化管理是一件需要持之以恒的事情，实践证明，有效的工作机制能够保障党建工作的科学性和实效性。为了确保学校党建规范化管理能够走上科学发展的道路，基层党建工作更需要提高政治站位，牢固树立党建思维、充分运用党建思维，把党建优势转化为发展优势，确保基层党组织战斗堡垒作用的发挥，这样才能在高质量发展的道路上笃定前行、行稳致远。

第二编 | 学生教育

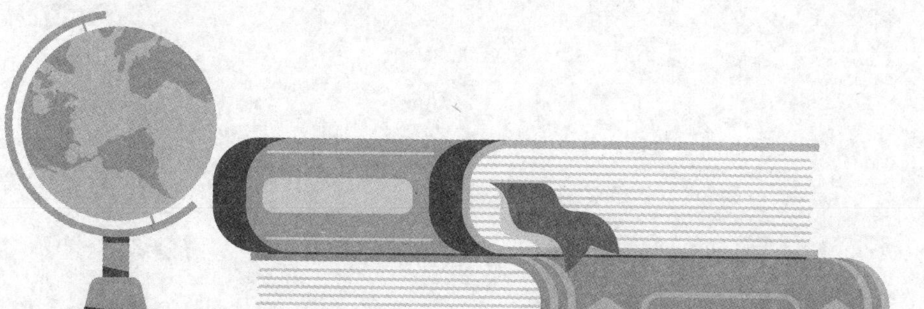

引言

学生教育破“难”有措[①]

中国共产党第二十次全国代表大会召开后，我国坚定了新时代中国特色社会主义教育的方向是为党育人、为国育才。学校要落实立德树人根本任务，坚持五育并举，全面发展素质教育，为党、为国家培养德智体美劳全面发展的社会主义建设者和接班人，为实现中华民族伟大复兴助力。

近年来，农村教育在党中央和各级政府的大力支持下，已经取得了可喜的成就。只是农村教育的困境由来已久，既是历史性问题，也是当前及今后一段时期需要认真思考并积极解决的重要问题。为此，农村学校一直在人才培养上下功夫，向内更新观念，向外积极学习、努力探索，但在学生教育方面还存在力量薄弱、教育意识落后、教育方法陈旧等诸多方面的问题。随着国家乡村振兴计划的不断推进，农村教育如何适应新发展，如何不断缩小城乡教育差距，如何在学生成长上实现教育公平，这些都是农村教育发展必须面对的新命题。因此，通过对农村学校学生教育困境的分析，探讨并研究当前农村中小学生的思想品德教育、科学文化教育、体质健康教育、审美教育、劳动教育等诸多方面的困难，积极探讨学生教育问题解决的对策，深化学校改革，完善学校管理和教育评价体系，方能破解当前农村学校高质量发展的瓶颈，找到快速突围的有效途径。

基于以上认识，很多乡村学校领导者已经敏锐地捕捉到问题的症结，他们深入调研、细致分析，抽丝剥茧、探求原委，他们在工作中务实探索、科学研究、用心实践，逐步摸索出适合本校学生实际学情的、具有本校特色的、可学习能复制的、高质量助力学生成长的农村教育新模式、

① 本文作者系北京市房山区良乡中学学术中心主任付秀华。

新样态。

在加强身心健康教育方面，一些学校针对农村初中学校在当前教育发展的形势下如何全面提高中学生思想品德教育水平、身心健康状况做了深入的思考与务实的实践研究。他们深刻地认识到青少年的思想品德不是自发产生的，而是在学校教育的培养和个人实践活动中形成、发展起来的，德育工作是学校全面发展的重要组成部分，是学校工作的灵魂，是实现教育目的的重要保证。基于这样的认识，他们首先采取的教育行动是“落实学校德育工作主体责任”，针对学生在身心发展中的“四不”（不感激、不珍惜、不努力、不克制）、“二小”（小胖墩、小眼镜）、“心理问题多”等共性问题，多角度、多层次挖掘其形成的原因，并尝试从抓好党员、班主任、思政课教师等三支队伍的建设来加强学生的思想品德教育；借助班团会、升旗会、校会、家长会来凝聚人心、达成共识；通过开展有针对性的主题教育，让学生在活动中去体验、收获、成长。另外，家校社协同教育在学生身心成长过程中的作用不可或缺，让学校、家庭和社区共同承担学生成长的责任，让最具影响力的两个社会结构——家庭和学校形成合力对学生进行教育，使学校在教育学生时能得到更多的来自家庭方面的支持，而家长在教育子女时也能得到更多的来自学校方面的指导。构建学校、家庭与社会全员育人、全程育人、全方面育人协同机制，是农村初中教育获得长足发展的重要一环。

近些年来，升学压力的影响、安全问题的频发，部分学校对体育工作不重视。学校在组织体育课外活动锻炼时，担心学生受伤，也取消了一些负荷强度的耐力、力量、柔韧项目的器械练习，使学生得不到足够的身体素质锻炼。学生的力量、耐力、柔韧度、灵敏度、速度下降，怕苦怕累对运动没有兴趣，对参加力量型项目锻炼的积极性不高，部分学生体质健康指标呈现逐渐下降趋势，超重现象及肥胖问题进一步加重，肺活量及心肺功能也呈现下降趋势。学生的视力状况也不容乐观，将近半数的学生都有不同程度的近视，甚至还出现了高血压、高血脂、脂肪肝等初期症状。因此，学校应从研究新标准、诊断学校体育工作实际问题入手，制定学校体育工作的新目标，出台务实举措，系统改进学校体育工作，切实提高学生的体质健康水平。

如何培养学生的学习能力是当前很多农村学校迫切要解决的问题。要破解这个难题，学校必须认识到：学生是学习的主体，对学生学习能力的培养，在现今教育教学中尤为重要。教师只有深入开展学情调研，通过访谈、问卷调查和实际观察，了解学生学习能力较弱的主要原因，才能分类归因，找准问题，精准施策。针对学生学习目标不明确、学习动力不足、缺乏学习兴趣、没有适合的学习方法、没有好的学习习惯等问题，教师要分别采取对应的帮扶措施，引导学生找到学习自信心。这首先需要教师转变观念，构建指向提升学生核心素养的课程体系，并对学生的学习更注重多层次、多维度，通过激励性的、过程性的评价，全面激活学生的学习热情，有效助力学生学习能力的提升。

审美教育对提升农村中小学生的综合素养具有重要的现实意义，是落实国家“五育”并举教育方针，促进学生从接受性、重复性、强化性学习向体验性、实践性、探究性学习转化的重要途径。而审美教育并非空中楼阁，它需要与德育、智育、体育等相互融合，借助具体的教育载体、生动的教育实践活动，润物无声地增强学生的审美意识，提升学生的审美鉴赏力。有些学校以书法教育为突破点提升中学生审美素养，通过对书法作品进行书写、想象、发挥、创作等教学活动，使学生接受审美教育的熏陶，激发其情感，健全其人格，培养其审美情趣，探寻到了一条适合中学生实际的审美教育道路。

学生教育涉及方方面面，琐碎繁杂，出新很难，日日坚持、事事扎实则更难。唯有把“办好人民满意的教育”作为一以贯之的工作目标，把“落实立德树人根本任务”作为职责和使命，以关爱、发展的眼光看待学生，加大力度培养德智体美劳全面发展的社会主义建设者和接班人，农村学校的学生教育才会成为学生成长过程中最为坚实、有后劲的沃土。

科学施策，助力农村学生思想品德提升①

学生是祖国的花朵，是民族的希望，他们将直接影响国家的国民素质和未来发展。本人作为一名农村学校的德育校长，出生于农村，成长于农村，又扎根于农村学校几十年，承担了多年的班主任和德育管理工作，在实践中不断摸索、反思、创新、成长，总结出一系列提高农村学生思想品德教育的方法。

德育在青少年思想品德的形成与发展中起着主导作用，是培养社会主义新人的条件。青少年的思想品德不是自发产生的，而是在学校教育的培养和个人实践活动中形成发展起来的。德育工作是学校全面发展的重要组成部分，是学校工作的灵魂，是实现教育目的的重要保证，是其他学科教育的基础，对其他学科教育起着统帅作用，保证了人的培养方向。

育人之道，当以“德”为先，没有良好的思想道德基础是不能成才的。

一、当代农村初中学生身心发展之特点

（一）“四不”思想特点日益明显

1. 对人不感激

学生在家里受到无微不至的关怀，衣来伸手，饭来张口，父母如此，爷爷奶奶更是如此；在学校里，老师们更是关爱至极，每天嘘寒问暖，即使犯错误都不敢大声训斥批评。长久下来，孩子们必然认为家长、老

① 本文作者系北京市房山区青龙湖中学德育副校长杨喜。

师这样做都是应该的，何谈感激感恩之情？反而哪天做得不够到位，孩子们还要大发雷霆，甚者打骂其父母。

2. 对物不珍惜

现阶段，随着农村经济向好，农村孩子家里都不愁吃、不愁穿，甚至部分家长、孩子还有攀比虚荣的心理。这样一来，会让孩子们误认为不用劳动照样可以享受，想要什么父母都能给买，自然就对任何东西都不会珍惜了。

3. 对事不努力

由于长时间的无忧无虑、自由散漫、无欲无求，学生很容易出现上课不听讲、作业不完成、做事拖拉等问题，这样的“安逸生活”完全失去了理想目标。

4. 对己不克制

由于农村家庭缺少科学管理，久而久之的溺爱与纵容必然使孩子养成一些陋习，突出表现在与他人交往时爱发脾气、自私自利、抱怨他人等方面。

（二）“二小”身体特点日见增多

1. 小胖墩

随着生活水平的不断提高，家长认为孩子多吃、好吃就能健康成长。也可能是因为家长们小时候受过累、吃过苦，不愿意再让自己的孩子受委屈，于是不讲究科学搭配、合理膳食，因而一群群“小胖墩”由此出现，甚至还有的家长认为这是一种“福气”。根据近三年青龙湖中学新初一学生体检报告统计，超重学生人数逐年上升，分别是35%、38%和40%。

2. 小眼镜

随着信息化的不断发展，农村学生家里的网络几乎得到全覆盖，孩子随时随地都要拿着自己的手机，可以不吃饭、不学习，甚至不和父母交流，但是不能离开手机，这也就不难理解为什么有这么多“小眼镜”出现了。根据近两年青龙湖中学的抽样调查，结果显示，大多数的家庭有网络，几乎所有的孩子有手机，将近半数的孩子手机比家长的要好，能够自我控制手机使用的孩子寥寥无几，家长能够真正控制孩子手机使用的屈指可数，初中学校学生近视率几乎都在半数以上。

（三）心理问题日见增多

1. 逆反心理

随着青春期的到来，以及独立意识的增强，学生往往表现出十分明显的逆反心理，稍不如意，就不管青红皂白与家长或老师顶嘴，情绪变得容易激动。通常表现有：上课不守纪，逃学逃课，不写作业，迷恋游戏，打架斗殴，是非观念不强，知行不一，自制力不强，不尊重长辈。

2. 闭锁心理

青春期的中学生，愈发变得多愁善感，特别在意周围环境的变化，他们的动作里多了几分矜持，内心的情感世界愈发丰富起来，不善于表达自己的真实想法。突出表现有：冷漠、孤独、自卑、胆怯、敏感、倔强、固执、易嫉妒、我行我素、情绪波动大等等。

3. 独立心理

随着初中生身体的发育，他们迫切要求获得极大的自由空间。他们想要独立思考的愿望增强，感觉自己真的长大了，可以决定自己的事情。他们在生活和学习中，也表现为爱模仿大人，对成年人的事情逐渐感兴趣。

二、当代农村初中学生品德教育不足之原因

（一）社会因素

1. 独生子女政策

前些年，国家实行计划生育政策，绝大部分家庭都是一个孩子，甚

至很多家长都是独生子女，这些独子、独女成了家中的“小皇帝”和“小公主”，他们最大的共性就是做任何事情都以自我为中心，与同龄人相处时通常表现为自私、霸道、无礼、蛮横、孤僻，真正遇到问题时缺少主见，经受不住一点点挫折。

2. 手机网络

随着对外开放的不断发展和全球化进程的日益深入，许多大众媒体只顾眼前利益，让青少年沉迷网络游戏，混淆现实与虚拟的界限，在某种程度上诱导了学生思想，使他们在现实生活中不思进取，社会公德意识、责任意识淡薄、自律能力较差。农村经济进步了，思想跟不上、管理不到位，思想品德教育同样会缺失。

3. 经济的转型使农村失去了社会实践场所

从前，农村的孩子都要下地干活、做饭，都是家庭的劳动力，一年四季总有干不完的活儿，社会实践能力超强，身体倍儿棒，能吃苦，能受累；而如今，农村家长很少种地，孩子们更是足不出户，完全失去了农村社会劳动实践的最佳优势，因而也就很难形成艰苦奋斗、吃苦耐劳的意志品质。

（二）家庭因素

1. 农村家长文化素养不足

当今农村孩子的家长绝大部分文化水平低，能力素养不强，不懂得如何教育管理孩子，因此，孩子的第一任老师（父母）打下的基础很弱，创造的家庭氛围也很差，自然，孩子的良好习惯和思想品质就很难养成。

2. 农村特殊家庭越来越多

这里所说的特殊家庭种类非常之多，包括父母常年在外打工，孩子无人看管；父母离异，重组家庭；父母离家出走、去世；父母因吸毒、赌博等违法行为蹲监狱；孩子智残、身残或存在心理疾病；家里因拆迁而成为暴发户；等等。依据近两年的统计，平均每个班类似上述的特殊家庭超过半数，这样的家庭势必会影响孩子的身心发展和品德教育。

三、探索当代农村初中学生品德教育之途径

（一）落实学校德育工作主体责任

1. 抓好三支队伍

（1）党支部。加强党对教育工作的全面领导是办好教育的根本保证。建立中小学校党组织领导的校长负责制，是坚持为党育人、为国育才，保证党的教育方针和党中央决策部署在中小学校得到贯彻落实的必然要求。

学校党支部是一所学校的灵魂，学校的党员干部是坚定的执行者和带头人，学校是学生品德教育的主阵地；党支部不论是在年度计划、月活动、党员大会、党小组会议、书记讲党课、党员实践活动，还是在统领各部门的教育教学发展方面都体现出了注重学生思想品德教育这一立场。

在学校党支部的引领下，团支部、少先队得以蓬勃发展，党员、团员干部起到先锋模范作用，每位党员、团员每学期都要签订一份“帮扶”承诺书，即帮助一些后进生不断进步，并到学期末进行综合评定。另外，学校党支部书记给全体师生讲党课时，特别提出要做“三个人”，即要做一个有德行的人，做一个身体健康的人，做一个爱学习的人。党支部统领各部门协调发展，永远将思想品德教育放在第一位，要求每位教师承担起“育人”与“教书”的双重职责，确保让每位学生都成为一名有德行的人，从而学会做人、学会做事、学会学习，真正做到全员、全方位、全过程育人。

（2）班主任团队。班主任是教育教学中最重要的岗位，不仅承担教学任务、生活学习琐碎事务，更重要的是，其是学生最亲近、最直接的思想品德教育者。因此，打造一支业务能力过硬的班主任队伍，对学校

发展、学生健康成长至关重要。

学校通过落实班主任绩效工资方案，明显促进了班主任工作的积极性。同时，学校也为班主任成长搭建了各种学习交流平台。学校组织班主任积极参加基本功大赛，通过个人精心筹备、学校组织专家指导，各班班主任均取得了长足进步，整体素质明显提高。每周召开一次班主任例会，每月一次班主任工作坊活动，每学期两次全校班主任大会，进行经验交流、问题探究、方法总结等。上学期，青龙湖中学重点研磨了本校的家访制度方案及家访细则，为今后工作提供了有效指南。

在青龙湖中学，所有班主任不仅要有扎实的理论基础、专业技能和强烈的敬业精神，还要有高尚的思想道德素质。只有这样，才能起到润物细无声的映射作用，不断提升学生的思想道德素质。

（3）思政课教师。随着国家政治形势不断变化，教育部对思政课进行了一系列改革，重视程度之高、思政教师地位待遇的不断提升，以及学生各方面考核与思政课学业水平相衔接等，足以证明今后思政课将成为学生思想品德教育的主课堂，培养一支业务能力过硬的思政教师队伍也是学校的当务之急。学校已经从业务培训、薪金待遇开始对思政课教师进行落实，在评优评先、职评考核等方面也开始进一步思考如何向思政课教师倾斜。

2. 开好四个会

（1）班（团）会。班会是班主任对学生进行思想品德教育的主阵地。学校每周每班一次主题班会，政教处结合区、校德育计划制定每周班会主题，并进行检查评比；班主任要结合本班实际做好充分准备，不拘一格，形式多样，真正落实学生思想品德教育。

由于团员总数较少，都是各班优秀学生，团支部大会主要是让他们互相学习，研讨如何发挥团员先锋模范作用，如何引领其他同学进步，使他们发挥帮带作用，促进学校创建良好道德氛围。

（2）升旗会。学校每周一的升旗仪式，都是在对学生进行一次深刻的思想品德教育。升旗仪式是各班进行轮换，主持人要对本班及升旗手、护旗手的先进事迹进行介绍，让大家进行学习，然后再由一名学生进行演讲，内容由学校统一安排。升旗会结束后，各年级要召开每周的工作会，重点是对上一周表现优秀的班级、学生进行奖励，对一些不良现象提出警示批评，并采取相应的落实措施。

（3）家长会。学校坚持每学期不少于两次的全员家长会，分别于期中、期末后进行；学校要从教育教学的整体情况出发，对家长进行汇报，年级组要结合年级特征进行阐述，最后各班要针对每个学生的综合表现进行汇总。同时，班主任要结合学生存在的突出问题，与家长进行交流，了解学生在家表现，并制定行之有效的措施，促进他们健康成长。班主任阶段性地与家长进行有效沟通，充分、及时了解学生的心理、行为表现，有助于学生思想品德的养成。

（4）校会。学校坚持每学期召开三次全体学生教育大会，时间分别放在开学初、期中后和期末后，重点针对养成教育和思想品德教育进行案例分析，对平时学习生活中评选出来的礼仪、劳动、节俭、卫生、纪律等标兵进行充分的表扬，树立正能量典型人物。同时，对本校学生的违规行为进行分析、惩罚。通过这种方式，创建和谐美丽文明校园，培养健康向上优秀中学生。

3. 强化活动育人

学校可以定期开展有针对性的思想品德主题教育，让学生在活动中去体验、收获、成长，达到润物无声的效果。一次成功的主题教育能使学生受益匪浅，终生难忘。活动的筹划设计、人员安排等是成功的必要条件，学校开展活动还要遵循以下原则。

（1）捕捉契机，提高实效性。青龙湖中学每年定期召开初三年级百日誓师大会活动。此时正是学生身心疲惫之时，他们一方面坚持苦练体育，力争获得满分；另一方面在文化课上争分夺秒，全面进入总复习，心理和精神压力越来越大。此时召开誓师大会，能够使学生在思想和精神上得以鼓舞，激起斗志，信心百倍，使学生的思想品质和心理素质获得大幅度提升。

（2）主题明确，提高针对性。每年6月上旬，青龙湖中学都会召开一次初三年级全体师生及家长共同参与的《感恩毕业季》活动。此项活动主题明确——感恩。三年的初中学习，特别是初三下学期同学们的努力拼搏，使他们有了不怕苦、不怕累，坚持不懈的亲身体验，也能感受到学校对他们的全力支持、老师和家长们的日夜陪伴与辛苦付出、同学之间的互助互爱与不离不弃等，感恩的思想立刻涌现出来。通过师生及家长精彩的表演、图像的展示、美好的追忆、真挚的演讲、留恋的歌声等将学生感恩母校、感恩父母、感恩老师、感恩同学、关爱自己的心声全部倾泻出来。活动之后，每一名学生似乎一下子就长大了、成熟了，思想品德得到了全面升华。这次活动对中考最后两周的冲刺也能起到助推之效。

（3）注重实践，提高体验性。育人活动本身就是在实施过程中让学生动手实践，团结协作，人人参与，体验感悟，这样才能够真正起到育人效果，即“结果诚可贵，过程价更高”。

例如，青龙湖中学每年12月26日召开“庆祝毛主席诞辰”文艺会演活动，初一年级表演课本剧、初二年级唱红歌、初三年级诗歌朗诵，每一轮学生都会经历这三种形式表演。最重要的环节就是搜集毛主席的相关材料，然后进行遴选、设计、编排、演练，其间，服装搭配、音乐伴奏、舞台背景等都需要同学们进行长时间、反复的研磨，才能为全体师生呈现一台优秀作品。在此过程中，同学们一次次被伟人的事迹所洗礼，他们的思想精神不断升华，爱国爱党之情不断加深。

活动无大小，只要准备好，项项可育人。为了更好地对学生进行思想品德教育，学校还需不断完善活动育人体系，使其更具有系列性、专题性、层次性、固定性等。

（二）加强家、社教育的协调配合

1. 做好家长培训

农村家长的整体素质影响了学生的思想品德认知水平，这也正是农村与城市学生差距较大的主要原因，提高农村家长素质迫在眉睫，这也是学校今后一项重点工作。学校要聘请专家，每学年给家长进行不少于四次的培训，每次主题要结合属地家长普遍存在的问题进行制定，重点讲方法、策略，精讲理论，形式多样，培训之后要有跟踪反馈，使其效果最大化。青龙湖中学前期培训的“手机管理”“科学合理膳食”“习惯的养成”等，都取得了一定效果。

2. 做好家校沟通

家长委员会这条纽带将学校与家庭、教师与家长紧密联系在一起，学校要定期召开家委会，与家长交流沟通，进行正面引导，化解疑惑，真正做到家校融合共育。

建立家校委员会的各项规程，完善体系建设，特别是充分发挥家长的优势特长，开展家长讲堂，让家长教育家长；通过家委员会研究特殊学生的品德教育，让家长团队协助学校老师参与特殊学生的教育。另外，学校要充分挖掘家长资源，开展家校课外活动，提升家长、学生品德教育。

3. 开展结对帮扶

建立村级教育协会，即学校要在村委会设置村级教育机构，主要负责人为村委会成员，学校领导、教师，还有村里家长共同组成三方教育机构。经过前期实践，此机构效能非常好，村委会不仅能有效解决家校矛盾，更重要的是，在村委会的主持下，家长更愿意接受学习，提升家庭管理的义务，对全面提高家长的品德素养起到了极大推动作用。

通过班主任“牵线搭桥”，将几个学生家庭组建成“战斗小团队”，使他们利用课余时间互相学习帮助、沟通交流，开展家庭团队会议、活动、聚餐，不断地提升家长的家庭管理水平。

培养学生学习能力，真正践行“求真”教育[①]

学生是学习的主体，对学生学习能力的培养，在现今教育教学中尤为重要，而如何培养学生学习能力是当前很多农村学校想要解决的问题。针对这一问题，北京市房山区南梨园中学近年来进行了探索尝试，积累了一些实践经验。

一、深入开展学情调研，掌握第一手资料

南梨园中学始建于1958年9月，是一所普通的乡村初级中学。学校现有教学班12个，学生361人，生源大部分来自周边服务片区的13个自然村落。南梨园中学的办学理念是教人学真、学做真人，教导学生要真学习。近几年，随着教学改革的不断推进，南梨园中学学生学习能力较弱这一问题逐步凸显。为了提高学生的学习能力，学校着手进行学情调研，寻找有针对性的解决措施。南梨园中学对学校及生源进行了SWOT分析，如表2-1所示。

表2-1　关于学校及生源的SWOT分析

项目	S（优势）	W（劣势）	O（机会）	T（挑战）
办学条件	1.12个教学班，学生361名，教职工55名；其中专任教师40人 2.师生比1∶9，平均班额30人左右，易于分层教学和因材施教	1.学校地处农村，信息相对封闭 2.家长以个体经营或外出打工为主，种田逐渐成为副业 3.学生父母大多为初、高中毕业生，文化程度普遍偏低	1.新农村建设方兴未艾，农村居民文明素养逐渐提高 2.农村居民生活水平逐年提高 3.本地区历来有尊师重教的传统	1.城乡教育发展不均衡，办学条件改善相对较慢 2.新的读书无用论有抬头的趋势 3.农村学生吃苦耐劳的精神在淡化

① 本文作者系北京市房山区南梨园中学团总支书记、教学主任陈丽芝。

续表

项目	S（优势）	W（劣势）	O（机会）	T（挑战）
人力资源	1. 教师敬业团结，认真负责 2. 师资齐全，肯于钻研，能吃苦 3. 家长大多淳朴善良，能够配合学校工作	1. 教师年龄总体偏大，教育理念和行为改变起来相对困难 2. 教师原始本科率不高，教非所学普遍存在	1. 线上线下学习机会多，有利于学习借鉴和拓宽眼界 2. 校本教研已经形成良好运行机制	1. 课程素养日益提高的要求给教师带来严峻挑战 2. 家庭教育不够，学校要承担部分家庭教育责任 3. 家校协同不够，资源整合利用不够
生源状况	1. 绝大多数学生朴实、善良、懂事 2. 多数学生渴望知识改变命运 3. 遵规守纪，自律性强	1. 与祖辈一起生活的学生在增多，单亲比例在增加 2. 学生基础薄弱，见识不广，学习动力不足，学习能力较弱 3. 学生没有社会资源可以依靠	1. 学校历年考试成绩在全区名列前茅，对学生有一定的吸引力 2. 教育均衡发展的政策给学校未来的发展提供更多的助力	1. 农村学生就业出路直接影响在校学生的人生目标和学习状态 2. 家长和社会舆论对学生学业的影响不容小觑

通过以上分析可以看出，南梨园中学办学理念基本明确，发展定位比较清晰；干部教师务本求实，勤奋敬业；学生虚心向学，但学习动力不足，学习能力较弱，制约了学业水平的提高；外部发展环境良好，镇、村对学校有很高期待。

二、多措并举培养学生学习能力

（一）激发学生学习动机

学生的学习受多方面因素的影响，其中主要是受学习动机的支配，但也与学生的学习兴趣、价值观、志向水平以及外来的鼓励紧密相连。

1. 引导学生，明确学习目标

帮助学生明确学习目标需要各位任课教师、班主任在充分了解所教学生家庭、性格、爱好等情况后，通过主题班会课、学科教学等途径，激发学生自觉树立远大理想和抱负，追求崇高的奋斗目标。南梨园中学策划、组织、开展了一系列关于“青春、励志、成长”等主题的活动，如“请党放心，强国有我”“学雷锋，做榜样”“感恩毕业季”“新时代的伟大成就”“我们的队伍向太阳”“家校携手育人”等主题活动，对学生确立高远的目标、明确学习动机有着极为重要的意义。

在日常教育教学工作中，教师和家长还要引领学生去阅读一些名人传记和经典读物，让他们从中得到启发，树立人生的远大理想和正确的价值观。

2. 激发学生学习兴趣

当学生明确自己的学习目标后，在教育教学中，教师需要创设各种情境来激发学生的学习兴趣，这样才能更好地激发他们的学习动力。

（1）注重课堂教学中的问题设计。在课堂教学中，问题太简单，不仅不利于学生的思维训练，而且还容易浪费课堂时间。那么怎样才能科学地提出问题呢？首先，要科学选择提问内容。太简单的内容自不必说，但如果问题太难，超出学生的知识范围，就会白白浪费掉很多思考或讨论时间。可见，课堂问题既要有思考价值，又要考虑学生实际，这样才能使他们通过思考获得成功的愉悦，从而提高时间利用率。其次，提问之后要“等一等”，哪怕只是几十秒钟。这一刻的等待能够让所有的学生开动脑筋，进行思考，为解决问题做出努力。经过一段时间的思考，他们也许就能恍然大悟，不仅省去教师讲解的时间，而且有利于面向全体，提高课堂效率。最后，在学生思考时，教师要掌握介入指导的时间。如果教师在学生还没有充分地自主探究就介入，会减少学生自主发现的机会；介入过晚则会让学生过久处于迷惑状态，造成学习兴趣降低。当然，有时也会存在教师无须介入学生们就能解决问题的情况。

（2）运用多媒体等信息技术手段激发兴趣。信息技术手段鲜明的表现力和直观的形象性最能调动学生的多种感官，唤起其浓厚的学习兴趣，使学生不知不觉进入教学内容之中。南梨园中学非常重视多媒体等信息技术手段的运用，通过信息技术的运用，课堂内容更丰富生动，师生互动更流畅；各专用教室都配备了多媒体设备，师生活动更多姿多彩。同时，学校正在建三部双师教室，之后，教师教研、学生交流渠道将更广阔。

（二）不断转变教师观念

教学活动是双边活动，转变教师观念，是激发学生学习动力的关键因素。

第一，教师应成为教学活动的组织者、引导者与合作者，应根据学生的认知规律创设条件，引导学生主动学习、探究，营造以学生为主体的严谨活泼的课堂氛围。教师必须相信学生有潜在的尝试能力，对学生的探索活动要充满信心、循循善诱。

第二，教师还要关注学生个体差异，让每个学生得到全面发展。尊重学生、面向全体学生是激发学生学习兴趣的重要手段。例如，上课时应用循循善诱的语言启发学生，学生回答问题，教师应用期待的目光看待他们，回答错了既不能讽刺，也不能不加理睬，而是要耐心地引导这些学生，使之正确回答完毕，再予以肯定。这样，学生就能够体会到探索成功的喜悦，激发学习的兴趣，增强学习的信心。

第三，建立良好的师生关系。大多数学生只有喜欢这位教师，才会愿意听他的课，注意力集中，思维也会活跃。良好的师生关系，是建立在老师无私的爱、师生平等对话基础上的。老师应该严而有度，关心爱护每一位同学，真心和他们交朋友，这样他们才会真心喜欢你，才能建立良好的师生关系，从而激发学习动力。

（三）构建“求真”课程体系，全面提升学生核心素养

南梨园中学围绕“培养‘求真、向善、尚美、力行’的新时代学子”育人目标，整体优化课程设置与实施方式，促进基础课程、拓展课程与探究课程有机整合，实现学科与实践结合；将德育课程、学科课程等深度融合，实现道德与学业兼修；将科学课程、社会课程与审美课程科学安排，实现科学与人文并重；将必修课程、选修课程与个性课程合理配置，实现共性与个性兼顾；将及时评价、过程评价与终结评价系统设计，实现育分与育人统一，如图 2-1 所示。

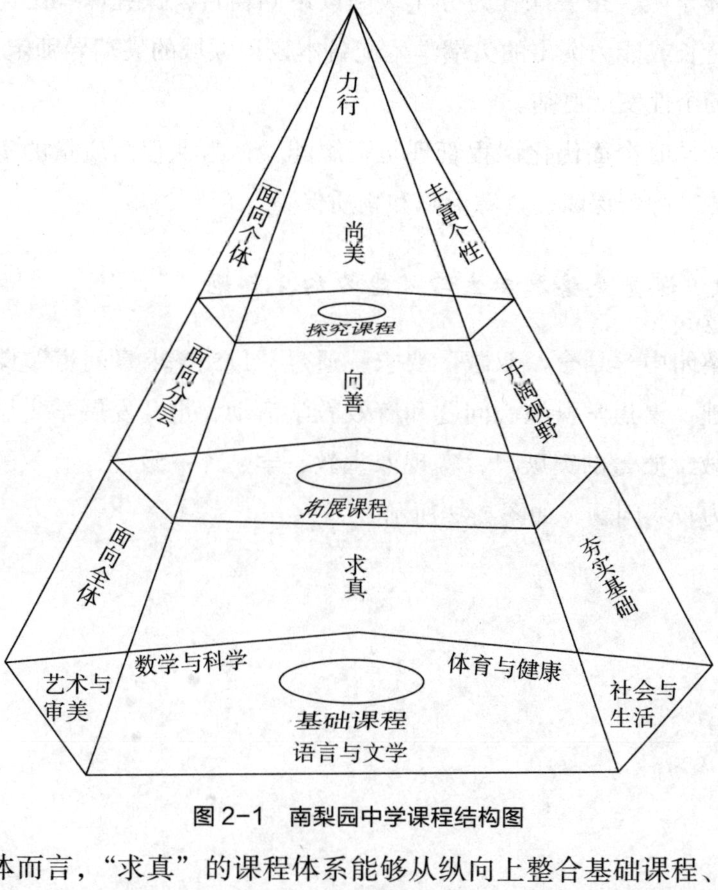

图 2-1　南梨园中学课程结构图

具体而言，“求真”的课程体系能够从纵向上整合基础课程、拓展课

程和探究课程。其中，基础课程作为必修课程，在内容设计上以国家课程为核心，授课对象面向全体学生，目的在于夯实知识基础；拓展课程是选修性、分年级的学科拓展类课程，兼顾学科倾向及学生兴趣；探究课程为自主精修类课程，包括学科培优和拔尖创新人才培养，授课对象主要为在某些具体领域学有专长的学生或者具有明确专业发展倾向的学生，目的是为满足学生的特需学习和未来生涯规划奠基，实现先修、精修，绽放个性。横向上依据育人目标，对基础课程进行高质量校本化实施，并按学习领域分为五大系列课程领域：语言与文学、数学与科学、艺术与审美、体育与健康、社会与生活。以语言与文学为例，基础课程面向全体学生，拓展课程为分年级阅读不同篇目，探究课程是为在某个领域有特长或能力突出的尖端学生配备本校该领域的尖端导师定制课程，为学生的个性发展奠基。

学校同时全面优化课程管理与资源配置，为课程高质量的实施提供制度保障、师资保障、资源保障和物质保障。

（四）课堂是培养学生学习能力的主阵地

南梨园中学结合“双减”要求，通过“135+N 求真问道”课堂教学范式构建，聚焦学科核心问题和有效教学活动，把“发展学生思维”作为提升教学质量的突破口，实现课堂教、学、评一致性，有效解决学生学习能力较弱问题，如图 2–2 所示。

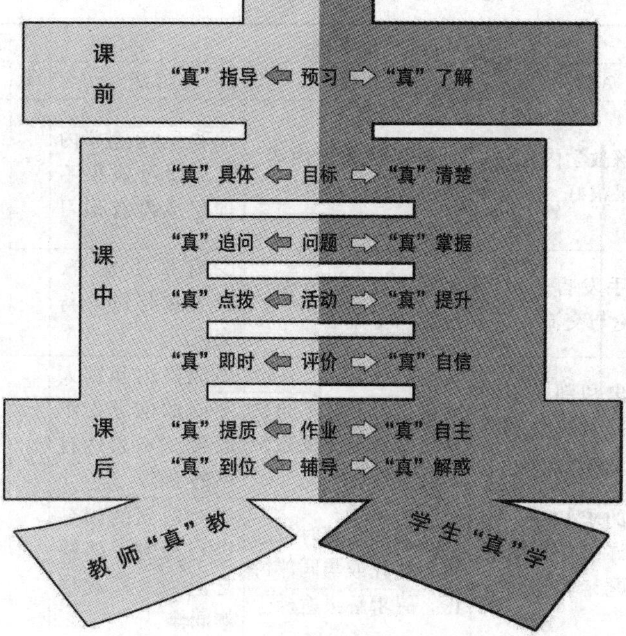

图 2-2　"求真"课堂价值图谱

（五）有效评价是培养学生学习能力的助推器

学校课程评价是一项系统性很强的工作。南梨园中学依照主体多元、评价内容多维、评价形式多样原则，不求冗杂，但求有用、管用和好用，始终将评价的出发点和落脚点放在学生学习能力的培养上，放在学生发展核心素养的提升上。南梨园中学"求真"课堂学生自主评价量表、学生综合素质发展评价表如表 2-2、2-3 所示。

表2-2 南梨园中学“求真”课堂学生自主评价量表

项目	评价标准			赋值			总分
	A级	B级	C级	A	B	C	
课前预习	基本了解教学内容，预习效果很好	一般了解教学内容，预习效果适中	几乎不了解教学内容，预习效果不理想或没有预习				
课堂参与	积极举手发言，积极参与讨论与交流	能举手发言，有参与讨论与交流	少有举手发言，较少参与讨论与交流				
质疑能力	大胆提出和别人不同的问题，大胆尝试并表达自己的想法	有提出自己的不同看法，并做出尝试	不敢提出和别人不同的问题，不敢尝试和表达自己的想法				
自主探究	有强烈的求知欲，不断提出许多与任务相关的问题，并努力寻找答案	能在遇到问题时自己进行探究或与同伴讨论，寻求解决途径	能对遇到的问题进行探究，但缺乏毅力，喜欢依赖同伴				
合作情况	团结合作，在小组中起领导作用，将自己的成果与他人共享，吸收接纳并能给出建议，同时，积极帮助小组其他成员	在规定时间内完成个人任务，帮助协调，推动整个小组的工作，鼓励其他成员	参与讨论工作，但没有协助他人工作				
学习效果	完全掌握课程内容，并能准确、高效地解决与所学知识相关的问题	基本掌握课程内容，但需要加以练习才能较为准确地解决与所学知识相关的问题	部分掌握课程内容，需要在老师和同学的帮助下进一步巩固所学知识				
这堂课我的收获与进步：							
这堂课老师给我的评价：							

注：本表为学生自主评价量表；学生在教师的指导下，每周选择1～2节重点课进行自我评价；课前预习、自主探究、质疑情况和学习效果每项为20分，课堂参与、合作情况每项为10分，也可以根据评价的

需要动态调整每项内容的分值；学生应该根据每项达成情况自我取值。

表2-3　南梨园中学学生综合素质发展评价表（试行）

班级	年级　班	学生姓名		日期	年　月　日								
维度	评价要素	评价主体及等级											
		自我评价			同伴评价			教师评价			家长评价		
		A	B	C	A	B	C	A	B	C	A	B	C
求真	学习态度端正、目标明确												
	自我规划、自我管理能力强												
	好奇心、求知欲、上进心强												
	博学、善思且举一反三												
	全面发展、成绩良好、学有专长												
向善	心存感激、热爱生活												
	诚信、友善、乐于助人												
	有理想、有道德、有纪律												
	砥砺意志、自我完善												
	见贤思齐、志存高远												
尚美	语言得体、举止大方												
	爱唱歌、喜表演、懂书画												
	爱读书、善写作，审美能力强												
	讲卫生、爱整洁、情趣高雅												
	三观正、不断追求卓越												
力行	言行一致、表里如一												
	言必信、行必果，诚实守信												
	习惯良好、多才多艺												
	胜不骄、败不馁												
	目标笃定、弘毅、知行合一												
合计													
总分													

注：求真、向善、尚美和力行各25分；每个评价主体：A评价10

分、B 评价 8 分、C 评价 6 分；按自我评价 30%、同伴评价 10%、教师评价 50%、家长评价 10% 计算学生总分；关于“博学”：在教育部规定的中外必读 10 部名著，以及各年级必读书目和 30 本推荐书目的基础上，结合房山区阅读项目推荐的书目，学生每学年读书不低于 20 本；关于“多才多艺”：一手好字、一篇好文章、一种乐器、一项体育特长、一门小手艺、一个拿手好菜、一个受用终身的爱好。

以上是南梨园中学“求真”课堂学生自主评价量表和学生综合素质发展评价表的内容，这些只是该校在教育教学中为提高学生学习能力做的一点尝试，还需继续改进。

在教学实践中，任课教师也受益良多。学校及教师理应继续努力，不断改进，培养好学生学习能力，真正践行“求真”教育。

多措并举，促学生体质健康提升[①]

2021年底，北京进行了义务教育阶段的体育改革，这次体育改革表面是增加了体育考试的分数和次数，实质是以此为契机，改变应试教育倾向，引导孩子形成良好的生活习惯，真正实现在体育运动中享受乐趣、增强体质、健全人格、锤炼意志。因此，切不可简单地把体育改革仅仅看作具体项目、方式的改革，或者仅仅看作督促同学们进行体育锻炼、获取分数的手段，而是要将其作为双减的重要内容，促进学生德智体美劳全面发展。

根据体育改革的内容，北京市房山区良乡第二中学进行了充分学习与分析，确立了学校体育工作的总体目标：秉承“无体育不教育”的理念，强化以体育人，以体育与健康考核评价改革为契机，深化教育教学改革，切实减轻学生总体负担，引导学生形成良好的运动习惯，促进学生身心全面健康发展。

一、研究新标准，有的放矢

新的体育改革必会伴随新规则、新规范的产生，也就是会确立新的标准、流程为学校的体育工作提供依据。因此，学校必须研究新的标准，做到有章可循，有据可依，及时根据实际情况修订原有标准、制定新的工作规范。根据体育组集体教研分析，新的考核评价方案具有如下特点。

第一，体育中考权重逐步加大，分值明显提高，最终分值达到70分。这表现出党和国家对学生体质健康的重视，体现出改革的力度之大，决心之强。

① 本文作者系北京市房山区良乡第二中学德育副校长刘刚。

第二，过程性成绩时间跨度长，涵盖义务教育9年，小学与初中两个阶段全覆盖。体现出体育要从小抓起，强调体育锻炼的过程性，而不是仅仅为了应试。

第三，考察范围涉及身体形态、身体素质、运动能力与技能的形成，以及健康知识的掌握，一并考察多项指标与能力，体现出对学生综合素质的重视。现场考试对学生身体素质、运动能力和运动技能的考察非常全面，不仅包括身体的协调度、灵敏度、柔韧度、速度、力量等，还包括初中教材中的全部内容，如田径、体操、武术、球类运动和游泳等。为了满足不同学生的需要，各项目可以自主选择，学生可根据自身特长或优势进行选择，学校则要尽最大可能满足不同体育特长和爱好的学生的需要。

第四，涉及教育主体更加全面，需要学生、家长、班主任（教师）、社会等多方面合作。为此，良乡二中确立了五方面的主体责任，即学生、家庭、学校、班主任和社会，让每一个主体都明晰责任，发挥应有的作用。

二、诊断真问题，明确原因

（一）数据支撑，精准剖析

良乡二中利用现有的学生体质测试成绩作为数据源，对学生的体质健康水平进行了分析，找到了现存问题。

（1）学生体重指数（BMI）占测试成绩的15%，身体形态这一项单项总分为15分，而肥胖生只能得到9分。单独体重一项对整体成绩影响很大。

（2）男生引体向上是必测项目，占测试成绩的10%，但学生身体素质普遍较弱，无论是身体形态正常还是肥胖的学生，都很难拿到这10分。

（3）肥胖的学生在耐力跑男生1000米、女生800米无法取得优秀成绩等级。因此，就决定了肥胖学生，尤其是男生的测试总成绩无法达到80分优秀。

（二）正确归因、认清实质

（1）学生体质监测在小学阶段与初中阶段项目设置差异明显，初中新增项目男生1000米、立定跳远、引体向上；女生800米、立定跳远、仰卧起坐。学生在这几方面缺乏系统性训练，表现出的素质与能力差，需要特别引起重视。

（2）学生身体形态（肥胖）是影响学生体质健康、导致学生成绩差的主要原因。

（3）女生成绩高于男生是因为在初中阶段女孩发育普遍比男孩早，这是由学生的生长规律决定的，且与男女生测试项目的设置有关。

（4）家长与学生自身对体质健康的重视程度不够，对体育测试认识度不高，对身体形态带来的危害缺乏深刻的认识。即使部分家长有认识，也没有落实到行动上。

（5）体育课有量无质，体育教师教研缺乏深度，课堂的时间利用率不足，主阵地没站稳，教学方法需要改进提高。

三、出台实举措，系统改进

（一）优化组织管理结构

有力的组织和科学的分工能够确保教师正确做事，并把事情做好。学校成立体质健康工作领导小组和工作小组，所有成员都有明确的任务。领导小组负责体质健康工作目标和方案的制定、人员的协调、活动经费的保障，以及对工作过程的监督；工作小组负责体质健康工作的具体实施和各项任务的落实。从工作的部署到落实再到监督，形成一个闭环的管理体系，组员各负其责，共同发力，使体育工作从管理上得到有力保障，执行力大大提高。

（二）提升教师专业技能

1. 加强专业培训

这次体育改革既是在促进社会、家庭帮助学生养成科学体育锻炼的习惯，由此提高学生的体质，又是在监督、检查学校体育工作的落实和体育教学质量。因此，一线体育教师要积极参加培训，不断增强自身的政治敏锐性，提高责任意识、专业素质与技能。为此，学校以培训为切入点，为教师搭建了多个学习平台。通过校本培训加强对教材以外的、先进的、学生喜爱的、具有健身功能的健身方法学习，丰富教学与健身内容，充实课堂教学。同时，学校鼓励教师参加教研培训、现代教育信息技术培训、青蓝骨干教师培训、单项竞赛技能培训等，这些培训都为一线体育教师的成长提供了强有力的支撑。

2. 开展主题教研和集体备课

主题教研和集体备课是教师改进教学方法、解决教学困惑、提高教育教学能力的重要途径。为了确保教研的质量，学校对主题教研和集体备课提出了明确的要求，要求固定时间、固定地点，指定每次教研的主讲人，教师要积极参加每一次主题教研和集体备课活动，充分利用主题教研时间，研究单元教学设计的制定、课时计划的教学内容安排，以及自己与其他教师在教学中遇到的困惑。同时，教师还要进行各年级教材中的教学内容技能学习，提高基本功。通过集体备课，教师能够按教学进度对单元教学计划和课时计划进行针对性研讨，充分发挥集体的智慧，群策群力，制订出高效的课时计划。此外，每位教师要积极承担校级、区级公开课，通过做课、评课提高自身教学能力。

（三）优化体育教学管理

1. 做好整体规划

课堂是教育教学的主阵地，为了打造高效课堂，良乡二中采取了多项措施。学校要求教师要对学期任务做好前期规划，学期初根据体育与健康教材合理安排教学内容和教学进度，细致做好学期课时计划，按照学期计划根据教学课时比重，科学制定单元教学计划。

2. 优化授课方式

教会、勤练、常赛是体育教学中的重要手段，授课方式要满足使学生掌握运动健康知识与方法，形成运动技能，增强体质、提高运动兴趣的目的。体育教师要有主动教研意识，积极主动与教研员联系，邀请教研员走进学校、走入课堂，开展业务指导。学校还制定了《体育课堂教学常规》，以一节课为单位，包括候课、整队、热身、示范、练习、讲评等重要环节实行标准化，要求教师严格落实。领导小组和工作小组严格执行巡课制度，随时听评课，发现问题立行立改。

体育课上，学生接受的不只是技能，要让学生在学会技能的同时也能掌握很多有益于身体健康的各方面知识。新改革增加了体育健康知识的考核，但是并没有明确考察的具体内容。体育教师要清楚体育健康知识的重要性，不能把健康知识看作应对考试突击处理，要渗入日常教学。健康知识要采用两种方式授课，首先，集中单元式授课或穿插在其他单元中；其次，教师在室外上课的时候进行体育健康知识的讲授。这两种授课方式的目的是让学生结合实际理解领会知识，如关于勇敢面对挫折和困难方面的知识，在体育课中可以采取升华法、调整法、补偿法、抵消法等对学生进行渗透。

3. 提高课间操质量

课间操是保障学生“每天锻炼一小时”的必要措施，对强化学生上操意识、培养体育锻炼习惯有重要作用。建立“有规范、有质量、有评比、有制度”的“四有”课程化课间操是良乡二中的重要措施:“有规范”是指要明确带操教师职责，明确跟操班主任的任务，明确学生上操的标准。体育老师对各班跑操的表现进行现场点评，纠正个别班级、个别学生存在的问题，引导学生呼口号至少三次。体育教师在操场科学分布，对学生进行走动式管理，避免出现以走代跑、说话打闹等现象。“有评比”和“有质量”是相辅相成的，即通过评比撬动教学质量的提升。体育教师注意观察入场、队列、跑操和退场等各个环节的整体情况，对班级表现公平公正打分；学校每月对各班的课间操情况进行汇总，评选“课间操先进班集体”“课间操优秀学生”，促进课间操整体质量的提升。“有制度”即建立课间操请假制度和特殊体质学生“一生一案”制度。制定见习生（当天因为生病等个人原因不能参加体育活动的学生）管理细则，加强对见习生的管理，每天由德育处的教师负责检查、记录，课间操时间，学生不能在班内逗留，见习需要有班主任和家长签字的病事假条。各项措施的综合实施确保了良乡二中课间操的质与量，对学生的懒惰思想起到了抑制作用。

4. 注重以赛促教

组织各种体育赛事能够很大程度激发学生对体育运动的热情，让学生在智力、体能、技术、技能等方面得到有效提升。学校为学生创造各种机会，搭建各种平台，鼓励学生参加各级各类比赛。例如，每年 5 月份和 9 月份开展年级性体质测试项目的测试赛或达标赛，赛后进行表彰，激发学生参加体育锻炼的积极性、主动性。学校开展“每月一赛”活动，以年级为单位，每月组织一次集体性体育比赛，主旨不是竞技，而是丰富学生体育生活，培养运动习惯。学校每年十月份召开一次声势浩大的体育节，鼓励全校师生参与，体育节组织诸多亲子运动项目，如邀请家长与孩子一起参加拔河比赛、十人八字跳、龙卷风、毛毛虫比赛等，以“小手拉大手”的方式营造家庭的运动氛围。

（四）利用各种资源供给

1. 家校合作，协同育人

宣传是提高思想认识的重要手段，良乡二中对新中考体育方案进行了大力宣传，让体育教师、班主任、家长和学生清楚该方案的目的、意义、内容和各自的职责任务。学校制定了中考体育备考工作方案，并利用家长会或致家长一封信的形式解读体育方案，让家长清楚身体健康的重要意义，知道体育中考的考试项目内容，清楚自己孩子的身体素质状况，学会引导孩子科学进行体育锻炼，培养其体育特长，帮助其建立合理的饮食习惯。

在此过程中，体育教师与班主任、家长要进行充分沟通，共同监督学生的居家锻炼，一起为学生建立健康档案。体育老师和家长要结合学生身体素质给肥胖和体质差的学生制订居家体育锻炼计划，即“一生一案”锻炼计划，并与班主任教师、家长沟通、监督、指导这部分学生科学地进行锻炼。班主任教师要了解本班学生身体素质和体育成绩情况，配合体育教师管理、监督、检查学生体育课上、课下学习和锻炼情况。学校要针对家长和学生开展近视、肥胖预防主题讲座，如正确饮水，远离含糖饮料和碳酸饮料，合理膳食等，提高家长和学生的健康意识，家校配合，共同控制学生的肥胖率、近视率。

2. 拓展资源，加大供给

由于体育项目增多，场地资源是体育教师面临的最大困难。学生多，场地小，因此，体育教师必须站在全校高度从时间和空间两个维度全面协调，科学规划场地的使用。例如，操场和专用教室的使用，要从学校层面以时间和区域为主线去统筹安排，避免发生场地冲突。

在利用好校内资源的同时，体育教师还要积极寻找校外资源，力争做到三个“拓展”，充分满足学生的体育锻炼需求。首先，拓展场地资源，利用周边体育场资源弥补学校场地、设施不足的缺陷；协调周边社区资源，在法定节假日向学生开放运动的场地、场馆，满足学生在校外锻炼的需要。其次，拓展教师资源，学校从社会资源单位聘请更加专业的校外教师，开设兴趣培养、形体塑身、技能提高等项目，弥补学校课后服务专业教师的不足。最后，拓展家长资源，邀请有体育专业特长的家长来校开展体质健康家长大讲堂活动。

经过不断努力，从 2022 年开始，良乡二中学生的肥胖率和近视率得到有效控制，呈降低趋势。在国家学生体质健康标准测试中，大多数学生达到良好以上；体育健康知识考试学生全部达到满分标准；在初三体育中考中，绝大多数的学生达到优秀。

以书法教育为突破点，提升中学生审美素养①

北京市房山区南尚乐中学坐落于著名的书法小镇大石窝镇，大石窝镇有几千年的书法、石雕历史，世界闻名的云居寺石经就陈列于此，上千万字的石经雕刻彰显了深厚的书法底蕴和千年的文化传承。南尚乐中学充分利用地域文化优势，深入挖掘书法艺术中的美育价值，发挥书法教育在提高学生审美素质中的重要作用，促进了学生审美意识、鉴赏力、创造力等多方面素养的提升。

一、全面认识书法教育的美育功能

书法艺术的美育功能主要是以书法艺术为手段，对学生进行审美教育，以此来促进学生心灵的净化与个性的良好发展。

（一）厚植汉字根基，弘扬传统文化

在信息时代，长时间的电脑打字、手机编辑，使人们经常提笔忘字，可能陷入“汉字危机”，但汉字是中国文化的根基，是中华民族祖先智慧的结晶，是中华民族屹立世界民族之林的重要法宝之一。中国书法艺术化的演进，在客观上对中华文化的世代传承起到了极为重要的作用。中国人不仅要会写中国字，而且还应该把中国字写得好、写得美。汉字的形成经历了很长一段历史时期，而书法是随着历史的演变遗留下来的宝贵财富。书法的不同字体各具特色，如篆书、隶书、草书、行书、楷书等，均展现了不同时期创作者的精神风貌，有的豪放洒脱，有的严谨内敛，具有独特的魅力。因此，教师应重视学生的书法教育，让学生深入

① 本文作者系北京市房山区南尚乐中学党支部书记、校长毛玉革。

了解并传承中华传统文化。

（二）磨炼坚强意志，陶冶高尚情操

书法是先人特有的一种修身养性、陶冶心灵的手段，可以抒发和调节个人的内心感情，提高个人的素养志趣。同时，“技近乎道”“庖丁解牛”这些精湛技艺的获得，无不是先人勤苦练习的结果，而书法更以线条笔墨传递和塑造着书法家的精神追求。现在的中学生大多为独生子女，从小生活条件优越，缺乏坚持的态度，而学生只有日复一日地练习，不断摸索，才能领悟书法的要点。书法可以帮助学生形成严谨认真的生活态度，磨炼持之以恒的品质和坚强的意志力。同时，通过书法教育，教师还可以引导学生学习书法家的故事，体悟大家的精神追求。

（三）提升鉴赏能力，培育审美素养

在书法作品中，自然界中的美可以被客观而抽象地反映出来。点画的粗细、方圆、浓淡、干湿、刚柔与线条组合时的疏密、开合、松紧、虚实、聚散等多种变化统一于一体，展现了书法特有的结构美，笔画的力量感、流动感、节奏感则让人在充分体会书法之美的同时更多地参悟中华文化的博大精深。在具体的书法技法教学中，教师可引导学生领悟书法的笔墨特点、造型方式等，使学生借助书写行为理解、感悟和揭示形式之外的书法美本质，提高自身的审美水平。

二、推进中学书法教育的构建与实施

（一）建设教师队伍，提升教师审美素养

南尚乐中学作为开展书法教育的传统中学，有一定的人才储备基础。多年来，书法在南尚乐师生中受到广泛关注，教师、学生甚至是家长均

有一定书法功底和审美水平，教师中的书法爱好者更是不在少数。但就当今社会而言，随着教育教学现代化的发展，许多教师对提高自身的书法教学能力并不重视。他们在进行书法教学的过程中，一味地采用让学生临摹观看的落后教学方法，在书写和鉴赏方面都只是单纯地让学生对其作品进行观看，对于具体的笔画顺序、字体风格之美并没有专业的讲授，这种形式的学习对于学生以及教师的长期发展是极为不利的。因此，教师在对学生进行书法作品讲授期间，一定要强化自身的专业知识，只有这样，才能为学生审美能力的培育创建良好的条件。

南尚乐中学一直努力做到两点：一是要给教师创建一个良好的学习氛围。例如，南尚乐中学曾邀请著名书法家卢景辉、赵术启、张梦初等进校开设相关的书法课程讲座，旨在提升全体教师的书法水平和审美情趣。二是调动校内教师的师资力量开设书法课，开展校际交流，多角度保证书法教育的师资和覆盖。这样一方面可以极大地提高教师的专业理论知识讲授能力，另一方面还可以让学生在学习的过程中进一步深化对书法作品以及书法知识的了解程度，提高其审美水平。

（二）依托书法课堂，完善书法教育体系

培养中学生的审美素养，要优化书法课堂，使书法课程“活”起来，让枯燥的知识“活”起来，引发学生兴趣。教师可以在课堂教学开始时通过讲述书法大家的故事引发学生思考，通过渗透书法历史与汉字演变知识，带领学生观摩经典作品，提高其鉴赏水平，帮助其为书法学习打好基础。在中学书法基本笔画教学中，教师要帮助学生掌握正确的基本笔画运笔方法，运用正确的执笔方法和运笔方法，养成正确的书写姿势，培养良好的书写习惯，让学生能独立地书写规范字。相对于基本笔画练习，最重要的是摹法。摹法分为描红和摹书，教师一般会先让学生看，找单个字的“红摹”特点，再用墨笔照写，写得多了，手就熟了，对每个字形也就熟记于心；然后再进行摹书，笔随影写，练习多了，字的间

架结构也就写得好看了。

书法教育是以汉字为载体的一种教育形式，汉字承载着语言文字教育的主要任务。同时，语文和书法学科都对弘扬中华传统文化起着举足轻重的作用，所以融合语文教育和书法教育也是培养学生文化认同感和审美鉴赏能力的关键。例如，教师在带领学生欣赏王羲之的作品《兰亭集序》过程中，除了从字体、作者风格等方面鉴赏，还应引导学生深入作品内容，体会作者在创作过程中的所思所想。南尚乐中学还把书法教育、书法练习与语文背诵、民族音乐欣赏结合起来，邀请知名书法家撰写了具有本校特点的书法临写教材，把初中所有必背篇目、诗词用软硬笔书写，利用中午时间带领学生伴随中国古典音乐进行书法练习，每天临摹一篇，取得了非常好的效果。

（三）重视学生主体，激发审美创造能力

学生是受教育的主体，书法教育中审美素养提升的对象不仅是教师，更是学生。由于学生个体发展、生活环境及接受书法教育的程度不同，反映在创造力上也必然有很大的差别。所以，如何在书法教学中更好地培养学生的审美意识，也是书法教师所需要解决的问题。

首先，教师应在书法教学中针对不同学生的审美能力因材施教，根据学生已有的能力进行具有针对性的书法专业实践训练，并及时指导学生了解更多的书法理论，体悟其内涵。为激发学生的审美兴趣，培养学生的审美意识，教师可通过书法理论教学与实践，让学生由过去的被动学习变为积极主动地查阅资料、搜集素材，在无形中扩大学生知识的广度和深度，激发他们的创作热情。所以教师必须把书法课程练习的观念从传统灌输向创新意识的方向转化，使学生的学习效果有明显改善。

其次，教师在教育教学中应该意识到，学生想突破自我并形成自己的书写风格是很难的事情，这不仅需要书法教师的鼓励，同时还需要学生自身坚持不懈，具有开拓创新的精神，增强创新意识。只有将书法理

论与实践相结合，创造力才会在一定基础上得以显现。

最后，学生评价是激发其创造力的一种方式，教师应积极鼓励学生大胆实践，同时参与多种书法比赛，将特别优秀的学生评为“小书法家”，颁发奖状以作鼓励。例如，南尚乐中学曾开展“喜迎十九大书画大赛”，利用春节假期组织书法小组的学生走上街头，给乡亲们写对联送福字，让学生亲身体验书法在生活中的魅力，以此激发学生的审美创造力。

让评价更具教育味道：初中学生综合素质评价的校本探索[①]

北京市房山区窦店中学坐落于房山区的城乡接合部，全校学生 657 名，其中多半是外来务工人员子女，平时无人监管，家庭教育缺失，行为习惯不好，呈现出“课上不听讲、课下不停讲”的状态，严重影响了学校常规教育教学工作的开展。2016 年，北京市新版初中学生综合素质评价方案正式实施，窦店中学紧紧抓住改革契机，以“让学生评价更有教育味道”为工作理念，制订“提高理解认识、确保公平认证、争得广泛认可”三步走计划，立足学校工作实际，解决突出难点问题，促进学生全面发展。

一、突出评价功能，提高理解认识

为推进初中学生综合素质评价有序开展，达到“既能落地，也要生花”的目的，让学校干部教师、家长学生都成为综合素质评价的参与者、见证者和支持者，学校着重从初中学生综合素质评价工作的“教育意义”和“问题解决”两个维度，从提高学校管理水平、减少教师工作负担、养成学生良好习惯等多个层面，多角度、多渠道向师生家长阐明综合素质评价的意义，提高他们对综合素质评价的理解和认知。

① 本文作者系北京市房山区原窦店中学团总支书记、现北京十二中朗悦学校党支部副书记葛世坤。

（一）联系社会规章制度，多角度阐明学生综合素质评价的教育价值

窦店中学将培养学生良好行为习惯作为教育教学的重要内容之一，始终坚持校内教育与社会生活相联系的原则，着力从学生综合素质评价的内容、标准、方式等方面入手，将学生评价深度融合学校工作实际，密切联系社会相关规章制度和要求标准，阐明“充分利用学生综合素质评价养成良好习惯”对于学生的未来发展具有重要的教育价值。

1. 将评价指标内容与学校常规工作深度融合

窦店中学认真研究北京市初中学生综合素质评价指标，将 14 项考查点、20 个记录要点与学校常规工作对接。例如，将开展课间操、跑操和眼保健操纳入“参与团队活动、班级或校级社团服务工作的表现情况”，并以体育卫生公共课为载体，将社会招聘入职的健康标准、征兵入伍的视力及体能要求等作为教育素材内容，强调做好课间操、眼保健操的益处，发挥评价导向作用，实现学生健康成长和学校管理效果双提升。

2. 将分值认定方式与社会规章制度紧密结合

窦店中学坚持联系社会实际，将诚信教育与房贷还款不及时需要缴纳滞纳金、医院预约不如期就医将不得重复预约等社会制度要求相关联，设置相应分值认定方式，培养学生遵守规则、信守承诺的好习惯。例如，每次收评社会实践任务报告材料，总有个别学生晚交，或出现丢失等情况。为此，学校设置了“迟交补交减分”的成绩认定方式。该方式实施后，既治好了学生的“拖延症”，又加强了学校的诚信教育，让诚信教育有了更为具体的教育内容。

3. 将过程记录方式与正确价值导向对接契合

窦店中学创新评价方式，充分发挥评价的激励作用，针对学生作业完成效果不高的问题，采用等级进阶式评价法。具体做法是：将学生未完成作业科目数作为记录原点，对应相应等级（未完成 0 次记录为 A，

未完成1次记录为B，未完成2次记录为C，以此类推），每周汇总，两周对比。若第一周记录原点是未完成1次作业，记录为B等级；第二周若较上一周有进步，则评价等级提高一个等级，即为A等级；若第二周若较上一周有退步，假设未完成4次，则评价等级降低至两周作业完成情况对应的最低等级D，依次类推，学期结算。学校将此项评价与“多劳多得”的社会主义分配原则相契合，激励学生每周作业完成情况较前一阶段均有进步，既可以提高综合素质评价成绩，又能巩固提高学习成效，进一步提高学生评价和教育学生的契合度。

（二）聚焦家校关注重点，多渠道讲解学生综合素质评价现实意义

1. 面向干部要利用好学校行政例会的时间

重点讲解综合素质评价如何帮助学校解决各领域工作中关于学生的突出问题。例如，在课堂教学领域，找准学生课堂学习习惯不好的“顽疾”，全面发挥评价的导向作用，明确将学生课堂准备、课前小测、课堂礼仪、问答质量等课堂学习表现全过程纳入评价体系，切实改变学生课堂学习习惯，提高课堂教学效率，减轻教师管理负担，最大限度地争取学校干部领导的理解与支持。

2. 面向教师要抓住班主任这一核心队伍

重点讲解综合素质评价如何帮助班主任老师解决减少重复性管理工作的现实问题。学校要充分发挥学生主体作用，建立学生自我监督管理、教育成长的团委会、学生会，开展常规性的检查量化评比工作，建立轮查机制，提出“双认证”工作法，确保检查过程公平，检查结果公正。将常规性的眼保健操、课间操、午间用餐、卫生扫除等班级活动，由原有的班主任进班管理模式改为以学生干部评价记录为主、班主任教育指导为辅的评价管理模式，减轻班主任事务性的管理负担，使学生干部赢得班主任老师的支持。

3. 面向学生要从初一新生抓起

重点讲解综合素质评价与每个学生初中三年学习生活密切相关这一关键问题。学校将学生综合素质评价方案纳入《窦店中学学生手册》，作为学生入学的必学内容，让学生初步了解评价导向、指标内容、实施办法和结果应用，突出综合素质评价与升学相关。同时，入学教育期间适当组织新生观摩高年级跑操、课间操、眼保健操、自行车摆放、课堂学习等在校生活学习行为习惯，让新生快速适应新生活，实际感受综合素质评价与自己初中学段全方位的密切关系。

4. 面向家长要聚焦评价结果的应用

重点讲解学生如何做能够拥有“校额到校”资格这一核心利益问题。教师要通过家长会专题讲解综合素质评价指标，包括评价意义和重要指标内容，尤其是与中考升学的关系，明确家长的家庭教育职责，协同学校抓好学生养成教育，鼓励学生积极参与各类活动。同时，学校利用微信平台全文发布学校综合素质评价方案和指标细则，让家长全面了解指标体系；开发腾讯文档小程序，定期更新学生综合素质评价等各项成绩，让家长可以随时掌握学生在校表现。

二、聚焦流程细节，确保公平认证

窦店中学始终坚持发挥学生主体作用，整合团支部委员会和学生会两大学生体系，成立“窦店中学团委会学生会”（以下简称“团学会”），设有一团（主席团），两域（负责团队组织工作的团支部委员会和负责行政班级工作的学生会），八部（团委会下设团队部、组织部、宣传部和秘书部，学生会下设纪检部、体育部、生活部和学习部），对接学生全部的日常学习和活动。团学会组织中分工明确，职责清晰，坚持“检查公正、过程公平、成绩公开”的三公原则，使学生评价的全过程都让人信服。

（一）创新实施“双认证”模式，推动检查公正

团学会中负责学生常规量化的是学生会，学生会分设纪检部、体育部、生活部和学习部，分别对接每班的班长、军体委员、生活委员和学习委员。纪检部以“让习惯符合标准，让标准成为习惯”为目标，全天候开展学生常规检查督促工作，校级纪检干部与班级管理干部分工合作，密切配合。

以学生眼保健操检查为例，校级纪检干部按要求到班级检查，班级管理干部负责班级内部的眼保健操组织。若出现学生不认真的情况，经校级纪检干部和班级管理干部双方共同认定后，纪检部负责记录登记，班级管理干部负责指导学生改正错误，并就检查评价成绩做具体解释说明。“双认证”模式的成功实践极大提高了检查结果的公正性，也助力了班级自治管理的工作效能。

（二）建立“三节点轮转”机制，确保过程公平

窦店中学在推进学生综合素质评价的过程中，经过不断尝试和探索，建立起“三节点轮转”工作机制，即每日人员轮转、周次班级轮转、月度年级轮转。

每日人员轮转指的是纪检部一天指定监督检查一个班级，包括眼保健操、午间用餐、课间操、卫生扫除等内容；第二天自动“梯度上升”，检查下一个班级，即今天查 1 班，明天查 2 班，后天查 3 班，依次类推，确保每天检查人员不同。

周次班级轮转指的是每周一校级纪检干部检查的班级由团学会秘书部重新安排确定，确保每周校级纪检干部检查的班级不断变换，避免出现校级纪检干部每周重复检查固定序列的班级。

月度年级轮转指的是在本年级学生不检查本年级常规项目的前提下，每月进行年级检查人员的轮转，即本月三年级查二年级，下月三年级就将查一年级。整体而言，这种轮转形式已初步形成责任分工明确、部门

协同配合、运行高效有序的运转机制，确保检查过程的公平。

（三）建立“三节点反馈”公示机制，做到结果公开

为进一步发挥“以评促改，以评促育”的评价作用，窦店中学建立了与“三节点轮转”检查机制相协同的“三节点反馈”公示机制。

1. 时时反馈

学校建立“坐标记录法”，将每项评价项目具体对应到每个学生，力争做到将评价结果实时反馈给被评价者。例如，针对课间操，学校统一规定“每班两路纵队，行进方向左侧记录为 1，右侧记录为 2，从前往后记录为正数，从后往前记录为负数”。那么，（1，6）即为左侧排从前至后的第 6 名学生。学校还将这样的标记法应用到班级内的座位标记，以及眼保健操和午餐光盘行动的评价中。这样可以做到在常规检查后，班级管理干部能将问题第一时间反馈给被检查人。

2. 周周统计

团学会可以设计在线编辑文档小程序，设置管理者，整体安排小程序的使用；明确具有评价结果认证职能的班级管理干部为可编辑者，每周定期完成小程序填写；小程序填写完成后，经秘书部审核发至各班级微信群中，家长即可查看一周评价成绩结果，了解学生在校表现，及时协同学校指导学生改正不良习惯。

3. 月月表彰

学校坚持每月汇总学生常规量化成绩，分年级组织召开德育常规量化表彰大会，表彰一贯表现优异的班级和常规量化表现进步突出的学生。在表彰大会上，各部门部长做总结，并宣读表彰班级和学生名单，学校德育副校长、德育主任、年级组长参会并为其颁奖。

三、把握评育关系，争得广泛认可

教育以立德树人为根本任务，学生评价是达到教育目的的一种手段。

所以，在评价的内容、标准、方法、结果应用等各方面的设定上，都要围绕能够发挥育人作用来开展。基于这样的认识，窦店中学重点从评价指标的制定、操作过程的设计和成绩结果的应用三个方面做了诸多有益尝试。

（一）主张自评自育，凸显学生地位

一是畅通反馈渠道，征集修订建议。学校将学生会生活部作为固定反馈渠道，定期征集学生对学校规章制度、检查评价指标等内容的意见建议；建立专用电子邮箱，鼓励全校学生随时匿名发送邮件发表个人观点、建议；以团员代表大会、少先队员代表大会、学生代表大会为渠道，广泛征集各代表团的建议，保证每一条规章制度充分征求民主意见建议。

二是坚持集中决议，突出学生主体。学校将所有征集问题汇总，交由学生代表大会决议，原则上每学期初和学期末两个时段定期召开学生代表大会，学期中根据情况适时召开。会上表决需要废除的制度（或评价指标）要经过主席团讨论确定后生效；表决需要修改的制度（或评价指标）要经过主管部门调整后，由主席团讨论确定生效；表决需要增加的制度（或评价指标）要经主管部门制定细则和实施方案后，由主席团讨论确定生效。

（二）实施首违提醒，把牢育人导向

在评价过程中，窦店中学针对学生表现，经团委会学生会全体会议表决通过，在常规记录方式上创新添加"'首违'画○，'再违'画 ×"的操作办法，即在实际检查中，通过纪检部和相应部门学生干部双认证后，由纪检部的干部记录，在其"坐标"上画○，与此同时，由班级管理干部提醒指导学生立行立改。若该生在班级干部的指导下改正了问题，则不予以扣分处理；若该生未能及时整改，则在○上画 ×（即为⊗），并予以扣分记录处理。

（三）强化结果应用，促进全面发展

学校通过学生自评、互评和家长评议的方式开展评价，每学期末对学生的本学期各项表现情况进行评价，然后对评价结果数据进行分析发现，如全校学生存在课间追逐打闹的现象，部分学生存在说脏话的不良习惯；某些学生在家中不能适当参与家庭劳作，不能按要求进行身体锻炼等问题。针对以上问题，学校分部门制定了解决办法，分年级推行实施，优化工作方法，加强教育指导，工作成效显著。

六年时间，窦店中学学生综合素质评价工作形成了人人知晓、人人明白、人人认可、人人参与、人人受益的良好局面，学生养成教育成效显著，学校办学质量稳步提升。学校被评为房山区魏书生教育研究项目示范校，荣获北京市综合素质评价先进单位荣誉称号，多次在市区级初中学生综合素质评价工作会上做典型交流发言。

第三编 | 教师管理

引言

激励引领教师做新时代“大先生”[①]

教育是民族振兴和社会进步的基石，而教师则是立教之本、兴教之源。习近平总书记在中国人民大学考察时强调，老师应该“做学生为学、为事、为人的大先生，成为被社会尊重的楷模，成为世人效法的榜样”[②]。

教师要做“大先生”，就要有坚强的理想信念，心怀祖国，坚持走中国特色社会主义道路，为实现中华民族伟大复兴做出贡献；要不断提高专业水平，严谨治学，深耕科研，研究真问题；要把立德树人作为根本任务，培养肩负中华民族伟大复兴历史使命的下一代。[③]

大先生之“大”，在于智识之高，在于德性之厚，在于情怀之深，在于格局之大；然而“大先生”并非自然形成的，是需要适宜的环境与条件助推而成的。事实上，当今很多学校的常态管理未必能达到有效激励教师成长的效果，相反却可能存在挫败教师工作积极性的做法。

例如，有些学校重制度管理，轻视对教师的人文关怀。学校在管理过程中，常常更为重视加强制度建设，似乎有了制度就有了督促老师工作的法宝，对教师单纯地采用行政命令、规章制度等硬性管理，而忽视了教师的主体性。这不仅扼杀了教师的个性，而且限制了教师工作的积

① 本文作者系北京市房山区良乡中学学术中心主任付秀华。

② 佚名．习近平在中国人民大学考察时强调 坚持党的领导传承红色基因扎根中国大地 走出一条建设中国特色世界一流大学新路 [EB/OL].http://jhsjk.people.cn/article/32408562.

③ 康丽，刘亚文．倡议全国教师做新时代的“大先生”[N]. 中国教师报，2021-09-08（1）.

极性、主动性、创造性，难免使一些教师产生了逆反、厌教的心理。其实，很多学校领导者并没有深入体察老师的工作心态与心理准备，要知道工作并非老师生命的全部，许多教师希望能有更多的时间考虑个人的生存和发展问题，有的希望在工作的时间补充知识、提高技能，更多的人希望能有充足的时间休息娱乐，以便更好地工作。如果教师作为个体的追求受到了校领导的尊重与关怀，自我发展和自我实现的欲求得到了重视和满足，他们才更愿意用心工作，更愿意高效率地完成学校的任务。

再如，有些学校重工作结果，轻过程付出。教育工作做的是人的工作，教育者和受教育者都是有思想的人，这项工作绝不同于企业工人做工。工人面对冰冷的机器，只要正确安排程序，零件大小、形状不会有什么出入。但教育不行，教育不是人人都能整齐划一地成长为本科、硕士、博士，只以单一的工作结果作为评定教师教学质量的标准，忽略教育过程的辛苦付出，这同样会极大地打击教师的积极性。

其实，教育本身既是一门科学，也是一门艺术。优质高效的学校管理也是如此。教师是具有较高文化层次，有血肉、有思想的独立个体，而不是工作流水线上一个一个不相关联的环节。教师需要相对宽松的工作环境、团结高效的团队合作，也需要懂管理会领导的校长的指导，而不是事事被安排，时时被监管，常常被打击。教师的情绪是会相互影响的，高明的领导会通过对一些事情的处理来辐射整个教师群体，这样，教师们就会向着领导所期望的方向努力。教师的这种努力绝不是外力强迫的，而是源于自我成长所需要的内驱力，因而也就会产生更大的效能。教师的积极性、主动性被调动起来后，学校才可能会沿着一条良性发展的轨道运行下去。所谓“激励别人、快乐自己、发展学校”，这值得每一个学校领导者深思。在学校管理中，可以尝试从以下四个方面激励教师。

第一，尊重激励重塑教师职业幸福感。教师的职业幸福感在很大程度上与学校领导者尊重与激励的力度有关，实际上，当冰冷的规章制度不能解决问题时，一句暖心的关怀却往往有出人意料的效果。对于教师来说，更渴望满足高层次的需求，一旦在被尊重和自我实现的需求上得到满足，他们更愿意主动地工作、自主地创新，用自己的能力实现自己和学校的主张。这个时候，每个教师都是一个小“发动机”，而“发动机”的持续运转就会给教师带来源源不断的幸福感，也能不断地助推学校管理向良性发展。本书中，王永录校长从深入调研教师职业幸福感现状及诱因入手，遵循规律，综合施策，以让教师安心、舒心、幸福地投入教育工作，提高教育质量为目标，激励教师更好地成长；毛玉革校长利用学校文化来涵养师德建设，以文化人，增强学校建设的活力，促进学校的内涵式发展。

第二，信任激励强化教师自我效能感。让教师学会对工作负责，学会自己主动承担工作，提高自我管理水平，这是学校管理的最高境界。在尊重的基础上，教师将沿着依赖—独立—互赖的发展过程有序地发展提高，最终满足教师自我实现的欲求，使团队通力合作，共谋发展。教育管理以人为本，学校要尊重教师的私人身份，信任老师的工作态度和工作能力，把教师当作一个优秀的社会人来看待和管理，这是科学管理的前提，也是激发教师工作积极性的先决条件。在本书中，隗秋利校长用学校党建引领青年教师牢固树立理想信念，以德立身、以德立学、以德施教，提高青年教师的思想政治素质，通过师徒结对撰写教案、组织教学、布置作业等举措加大培养力度，帮助青年教师形成过硬的教学基本功，让青年教师感受到自己在学校工作中的重要作用。

第三，愿景激励帮助老师找准成长旅途的坐标。教师职业生涯的前途规划、学校美好的发展前景都可以激发教师创新工作、努力工作的动力源。领导者要让老师明白自己的努力在自己的成长过程中或学校的发展历程中有着怎样不可或缺的作用，要让老师相信学校把他们作为实现一个更为宏大、更为长久的事业中最可依赖的团队力量。教师受到了这样的激励，对学校的向心力愈高，就会更愿意为提高自己的专业定位而自我充电，全力配合学校的发展需要。该书中，王永录校长以“构建学习共同体”的方式来助力教师专业发展，可以说是一个很好的尝试。

第四，评价激励助力教师将专业效力发挥到极致。有些教师总是会抱怨说，领导只有在教师出错的时候才会注意到他们的存在。学校领导要善于通过恰当、适时的评价，激励教师更精准地发现自身的优点、长处，并借助持续性的评价将这些优点与长处不断扩大，最终帮助教师实现更独特、更自信的专业成长与发展。要让评价发挥积极的作用，学校领导就需要善于与教师沟通，善于发现老师日常工作中的亮点。评价的方式多种多样，可以公开赞赏教师的努力，也可以适时展示老教师的成就等，如本书中师文涛校长在面对教师老龄化问题时，不断增强老师自身价值感、成就感和幸福感，从而帮助老师形成强大的内驱动力，降低教师老龄化带来的影响，推动了学校教育的高质量发展。可见，积极的评价不但可以有效地帮助老师树立信心、克服职业倦怠、提升专业自豪感，同时能够起到鼓舞士气，激发其他老师提高工作效率和质量的作用。相反，如果领导者总是以“大众皆平庸”的视角来审视、评价自己的老师，那么就很难有老师可以从平庸的氛围中脱颖而出。

在学校管理中，如果能够真正做到以情感人、以理服人、以和谐宽松的人际环境涵养人，愿意花时间理解和触摸教师的精神世界，悉心地调动和激励教师的积极性，那么引导老师做新时代的大先生，让老师“志存高远、用心育人”将不再是难题。

育良好文化生态　助师德水平提升[①]

百年大计，教育为本；教育大计，教师为本。教师活跃在教学工作和学生工作第一线，他们的道德水平直接影响着学生的世界观、人生观、价值观，在学生成长过程中具有重要的示范引导作用。北京市房山区南尚乐中学用优秀的学校文化去影响教师的内心世界，让师德在学校的文化生态中得以涵养，从而探索出了一条具有自身特色的师德建设之路。

一、突出精神引领

南尚乐中学大力弘扬学校文化传统，不断增强学校文化传统的影响力，同时，利用课余时间组织教师进行师德理论、法律法规的学习。

（一）弘扬南中文化传统

南尚乐中学有六十多年的办学历史，学校的“尚乐”文化缘于“南尚乐”村名，其含义诠释为“尚德乐学”。“尚德”一词来自《论语·宪问》——“君子哉若人，尚德哉若人”[②]，“尚”为积累加高，释义为尊崇、敬重。“乐学”也是源于《论语》，“乐”是“愿为、乐做”思想，是一种生活状态，是一种思想境界，也是对人生积极的探索和追求。

1956 年建校伊始，南尚乐中学就承载着万千百姓的重托，从此，塔山脚下、拒马河畔就聚集了一群为办好教育而团结进取、奋力拼搏的人。六十余年来，代代南中人不辱使命、团结协作、踔厉奋进、砥砺前行，始终延续着“修德敬业，笃志博学”的校训，怀揣着对属地百姓子弟的

① 本文作者系北京市房山区南尚乐中学党支部书记、校长毛玉革。

② 孔子．论语 [M]. 刘强，译注．长沙：岳麓书社，2020: 200.

责任心和对教育的敬畏之心，铸就了“艰苦奋斗，乐于奉献，务本求实，追求卓越”的南中精神，这样的南中精神自然也成了学校的文化传统。

为此，学校在教师中大力弘扬“艰苦奋斗，乐于奉献，务本求实，追求卓越”的南中文化传统。每学年，学校都要组织新入职的教师参观南尚乐中学校史馆，通过图片、影音及老教师的讲解，让新入职的教师了解前辈的敬业奉献精神。以前破烂不堪的校舍，老师使用的简陋教学用具，艰难的生活环境与优异的教学成绩形成鲜明的对比；而今窗明几净的教室、高端大气的体育馆、公寓式的生活环境、花园式的校园，无不让所有教师心怀感恩、明晰责任，让这种奉献精神根植于心、彰显于行动。学校还开设了“尚德讲堂”，每年开学之初邀请老教师及优秀教师讲述学校的历史和教书育人的感人事迹，让南中精神洗礼教师的内心世界。此外，学校还组织教师、学生通过各种“追忆校史，弘扬精神”活动，通过演唱、书法、绘画、舞蹈、快板、演讲、征文等多种形式，不断增强学校传统文化的影响，让南中精神代代传承。

（二）加强政策法律学习

南尚乐中学党支部利用党员学习和教职工活动时间，组织教师进行师德专题学习。师德理论学习以马克思列宁主义、毛泽东思想、邓小平理论、“三个代表”重要思想、科学发展观和习近平新时代中国特色社会主义思想为指导，以党的二十大文件和与教育有关的法律法规为主要学习内容。通过系统的、持续不断的专题教育，积极引导广大教师树立正确的世界观、人生观、价值观，广大教师的道德信念得到确认，道德情操得到升华，道德意志得到加强，从而以更优秀的人格魅力影响学生，做学生成长道路上的指引者。

二、注重环境熏陶

南尚乐中学构建了符合新时代师德标准和学校实际的师德校园文化

体系，用主题文化环境熏陶教师的内心世界，通过创设尊师爱师氛围，激发教师的自我效能感，提升师德水平。

（一）构建师德校园文化体系

“四有好教师”“四个引路人”“四个相统一”既是对教师的要求，也是对师德师风的要求；既高屋建瓴，又深入人心，是师德师风建设的标杆和典范。因此，南尚乐中学确立了“尚德、敬业、奉献”的师德文化主题，从物质文化和行为文化两个维度，构建完善的、符合新时代师德标准和学校实际的师德校园文化体系。

学校坚持用主题文化环境潜移默化地影响教师的内心世界，引导教师进行自我省悟。学校重点创建“教育教学座右铭文化”，教师书法协会成员将著名的教育名人名言及教师自拟的座右铭写成书法作品，悬挂在教学楼、办公楼、实验楼以及学校路灯的道旗等公共区域，以耳濡目染的方式将师德信条印刻在教师的内心，使教师能够三省吾身，反求诸己，见贤思齐。

（二）大力创设尊师爱师氛围

教师与学校之间不是一对独立的个体，而是一对互利互生的共同体。很多人认为教师师德高尚是天经地义的，教师本身的职业性质限定教师就应该具有高标准的师德规范和行为。然而，教师与学校、教师与社会的良性互动一定能激发教师的自我效能感，从而有利于师德的养成与增强。南尚乐中学着眼教师所处环境，关注教师与校长、教师与学生、教师与家长之间的关系，让教师在校长领导关爱、学生尊敬、家长尊重和支持的环境下，能够自觉、主动成为“更有德行的人”。因此，校领导要把关心教师的生活质量、关注教师的专业发展、提高教师的社会形象作为学校文化的重要组成部分。南尚乐中学将为教职员工过生日作为提升教师自我效能感的抓手，经过多年的传承，为师德提升不断助力。学校专门定制了精美的生日贺卡，教师生日当天由校长把亲手书写的贺卡送到老师手上，并由食堂为老师做一碗面条。事情虽小，但对教师的影响是巨大而深远的，这不只是一个简单的形式，由校领导撰写的生日贺词更能触动教师的心灵，促进教师自我激励，从而提升教师师德水平。

（三）加强师德建设舆论宣传

身边的师德榜样对青年教师群体来说能够起到感染、震撼和示范的作用。因此，南尚乐中学把师德宣传作为师德建设的重中之重，学校办学理念中有一项是“做有温度的教师、办有质量的学校、育全面发展的学生”，即做教师要有温度。什么是温度？爱就是温度，有温度就是教师本身要用爱作为能量源，用自己的语言、行为温暖、感染周围的人和事。教师要爱学生、爱学校、爱事业、爱祖国、爱家人、爱自己，让爱成为学校的公共语言。

学校领导干部要通过深入基层调研，着重挖掘、总结、推广优秀教师的先进事迹以及相关经验，树立师德典型，让广大教师学有榜样、赶有目标。学校还要做足宣传教育工作，充分利用学校各种宣传渠道、平台、媒介，如校报、展播机、微信公众号等媒体广泛宣传优秀教师的先进爱心事迹，充分展示学校教师的精神风貌，努力营造争创师德典型的良好舆论环境。此外，学校还定期举办各类有关师德建设方面的报告会或经验交流会，形式多变，主要通过“传、帮、带”的形式，让教师受到耳濡目染的教育和影响。

三、加强活动激励

南尚乐中学党支部及校工会积极围绕“尚德、敬业、奉献”的师德建设文化主题开展一系列专题活动，这些专题活动在师德建设中具有不可忽略的作用。学校可以借助党组织和工会组织的自身优势，积极开展师德建设相关活动，造就新时代高素质的教师队伍。

（一）开展师德主题活动

学校通过开展一系列扎实有效的活动帮助教师将其在师德方面的所知运用到实践当中。学校会在每学期初设定本学期的师德建设主题，围绕主题开展讲堂、团队建设、经验交流等一系列活动。学校在相关职能部门的配合下，可以围绕一个时期师德建设的重点问题，在教师中开展有感染性、针对性的师德主题活动，如师德讲座、课程、论坛、研讨会、演讲和征文比赛等。

学校各类师德建设活动紧扣新时代教师队伍建设的要求，各种主题教育持续开展，集中宣传、广泛覆盖，兼顾思想性和生动性。学校开展“师德建设我先行”的主题党日活动，调动学校党员教师、青年团员教师的积极性，充分发挥党员的先进性，让广大党员干部走在教师前列，在教育教学质量提升、志愿者活动、捐款捐物等活动中发挥模范带头作用。学校还积极开发教师职业道德课程，增强教师的职业道德意识。南尚乐中学在师德建设课程设置上杜绝了以往的知识性说教课程，设立了体验式、反思性课程，旨在帮助教师增强职业情感和职业道德。

（二）丰富教师文化活动

为了丰富教师文化活动，加强师德建设，学校还组织了各种观影活动，营造有温度的校园氛围。例如，组织全校教职工及家人观看电影《你好，李焕英！》；组织全体教师观看电影《中国机长》；组织全体党员干部观看《长津湖》《水门桥》等多个具有正能量的电影，让教师从中汲取力量。在观影结束后，学校可以利用微信交流的形式让教师交换心得，共促提高，使这些力量成为涵养师德的力量源泉。

四、完善制度保障

师德建设不仅需要教师的自律，也需要相关制度的保障。切实可行的制度应该体现出师德建设的层次性原则，要既能够帮助教师明确师德的底线，又能够给予教师成长提高的空间，起到引导和激励的作用。正如著名教育家杜威在其著作《人的问题》中所言："一切制度都是有教育作用的，这就是说，它们在形成或构成一个具体人格的态度、性情、才能与无能等方面是起着一定作用的。"就现阶段实际而言，师德建设需要完善的制度提供优质环境，助推教师形成良好的职业道德风范。

（一）健全师德考评机制

南尚乐中学先后制定了《南尚乐中学师德建设制度》《南尚乐中学教师"十不准"》等制度文件，从制度层面引导教师守住职业底线，严格遵守国家政策法规，依法执教，从自身做起，从源头根治一切违法违纪违规行为。学校还建立了健全师德考评和激励的长效机制，建立了教师师德评价档案，将其与绩效工资、职称晋升相结合。对存在问题的教师采取"一票否决"的办法，严格落实教师的职业道德评价，公布评价标准及测评结果，让学生和家长参与测评，接受社会和学校的监督。

（二）严格教师聘任制度

近些年来，很多学校在招聘新教师时更多地关注其学历和教学技能，忽视了对其潜在教师职业道德的考查。因此，南尚乐中学在新教师招聘面试时建立了严格的聘任制度，选拔拥有"潜在教师职业道德"的人从事教师职业，不仅对他们的教育教学素质和能力按照《南尚乐中学教师课堂教学量化评价标准》进行量化评价，还通过提问典型的教育教学实际问题，综合评估他们对教育的认知、对学生的看法、求职的动机以及内心的专业热情。南尚乐中学对新教师招聘严格把关，以制度为保障，从源头上杜绝品行不良的人从事教师职业。

（三）完善专业发展制度

学校还制定了“师德榜样”评选、优质高效课堂评选、教科研奖励机制、教师基本功考核等一系列制度，教师能够通过对标各项制度，摆正自己的专业发展轨道，找准自己的专业发展目标，不断提升自我职业道德修养。学校的各种制度建设均以“尚德、敬业、奉献”为根基，以教师的专业发展和成长为导向，构建起了师德建设与教师专业发展相辅相成的、较完整的制度体系。

总之，师德建设是“立德树人”目标实现的关键指标，推进师德建设，是提升教师队伍水平与育人质量的必然举措。新时期，南尚乐中学的师德建设更要立足服务，继续在立定师德导向、健全师德制度、建设师德环境等层面开拓思路、夯实步骤，为“立德树人”理念的高效践行形成长效支持。

构建学习共同体 助力教师专业发展①

教育质量提升的关键在教师，在“双减”提质增效的背景下，教师专业素养更显重要。教师专业能力和水平的提升关键是教师学会了学习，学会了专业研究与思考，从而助力工作动力的保持和专业能力的持续提升。因此，教师专业的发展就显得尤为重要。

北京市房山区大宁学校在党的教育方针指引下，在社会主义核心价值观引领下，落实立德树人目标，秉承“生命教育”的办学主旨，明确提出了“为学生幸福人生奠基”的办学理念，确定了“把学校办成书香浓郁的校园、生命共度的学园、幸福成长的乐园、和谐共进的家园和温馨美丽的花园”的共同愿景。在目标的指引下，学校构建学习共同体，激发教师学习的主动性、积极性、持续性和有效性，助力教师的专业成长。

一、分析现状，找准存在问题

大宁学校建于2009年7月，是房山区教育委员会直属的九年一贯制学校。成立之初，学校教师队伍由两所完全小学的教师组合而成，后又陆续调入和招聘了一部分教师。目前学校有教学班26个，学生935名。其中，小学部20个班,792人；中学部6个班,143人。教职工总数71名，共产党员25人，区级骨干教师13人。教师平均年龄39岁，老中青年龄结构较为合理，学科结构基本满足教育教学需要。大宁学校在引领教师发展过程中主要面临以下问题。

---

① 本文作者系北京市房山区大宁学校党支部书记、校长王永录。

（一）学习研究氛围不浓，教育理念落后

教师学习研究氛围不浓，立德树人的教育意识不强，专业发展动力不足，导致教师的教育理念更新较慢，教育方法简单粗暴，不能适应当前“双减”背景下提高质量的要求，不能满足当前家长和学生的教育需求。

（二）专业不精，能力较弱，教育质量较低

教师团队中的大部分教师具有朴实的情感，但对于变化的教育形势，囿于经验不愿优化自己的教育行为，导致教育教学活动和课堂教学设计形式单一，教育实效较差；有些教师教非所学，专业知识不扎实，导致课堂教学只能照本宣科，毫无拓展；有些教师沟通引领方法欠缺、能力不足，师生关系和家校关系紧张；有些教师课堂组织和学生管理能力较弱，教育活动的秩序性、实效性较低；教师专业能力的不足导致教育教学的质量不高。

（三）情怀不深担当不够，育人意识淡漠

教师是一项光辉的职业，新时代的人民教师承担着为党育人、为国育才的崇高使命。但是有部分教师受到社会不良因素影响，出现了逐利、以自我为中心的现象，工作中向学生全面发展聚焦不够，履职尽责不够，师德修养有待进一步提高。

二、探寻原因，明确改进方向

面对以上问题，学校对教师需求进行了专项问卷调查和广泛的教师座谈，从教师对现状的满意度、专业发展优势、发展制约因素、存在困难与困惑、原因分析、工作建议等多方面进行了调查和分析。分析发现，绝大多数教师希望自己在专业上有所发展，希望教育质量有所提高，但

是找不到突破路径，希望学校提供发展平台。学校班子对教师专业发展缓慢的原因进行了系统的探寻和梳理。

（一）学校引领不够，方向不明

学校对教师的思想引领不够是指学校发展愿景不明确，教师有发展意愿，但努力方向不明确；学校文化引领不够是指教师思想不聚焦，教育行动不协调；学校内缺乏优秀教师的引领和带动，优质标准不明确。

（二）教育质量不高，信心不足

教师面临许多教育实践问题，同伴交流和教研实效性不强，难点问题解决不理想，时间一长，教育质量不高，缺乏成就感，发展信心减弱，专业能力的提高亟须多角度、多层次的激励与支持。

（三）学习机制欠缺，支撑不够

学校在管理过程中忽视了教师的学习，对教师学习的安排计划不强，推动学习研究的机制没有形成，致使教师缺乏深度的、系统的学习，教师的学习力没有形成，出现了学习惰性、思考不深的现象，对教师专业发展支撑力较弱。

所以，学校以建立教师学习共同体为突破口，引领教师全面成长，促进教育质量不断提升。

三、精准施策，构建学习共同体

近几年来，大宁学校坚持打造“成己达人”的教师团队。教育是以爱育爱的事业，教师在照亮和温暖学生的同时，能够实现人生价值，收获职场幸福，并永葆事业的青春活力。为此，教师要通过不断学习提高自身的道德修养和专业水平。大宁学校建立教师学习共同体采取了以下四个策略。

（一）坚持党建引领，强化教师成长的动力源

党支部通过建强党组织，实现对学校的全面领导，发挥党组织的战斗堡垒作用和党员先锋模范作用，激发教师成长的主动性。

1. 强化教育责任，明确教育使命

党支部坚持贯彻党的教育方针，结合年度特点和学校实际，制定教职工政治学习具体安排，坚持每月一次的政治学习，使全体教职工的政治学习有计划、有重点、成系列，做到有要求、有体悟。政治学习重在提高教师的理论水平、师德素养，使其提高政治站位，拓展教育视野，树立为党育人、为国育才的崇高使命，认识到教育的重大责任，增强专业发展的自觉性和主动性。

2. 建立发展愿景，明确教育目标

学校党支部坚持通过科学决策、民主决策汇集众智，制定学校五年发展规划和年度工作计划，从而明确学校发展愿景和阶段工作任务，明确教育目标，引领教师凝心聚力促发展。

3. 党员岗位创优，榜样示范带动

在学校发展过程中，党支部聚焦发展难题，发挥党组织保障作用和党员先锋模范作用，攻坚克难，勇毅前行，促进学校向着高质量发展。学校通过建立党员先锋岗和责任区，在学校安全管理和疫情防控等危难工作中展现党员的先锋模范作用；通过党员示范课和一带一的帮带活动，在教育科研和课堂教学展示中、在岗位实践中发挥党员的引领示范作用。

4. 建立激励机制，优化发展环境

党支部通过严格组织生活会，发挥批评与自我批评的良好作风，认真剖析党员存在的问题，制定改进方案，提高党员综合素养；党支部坚持民主集中制的原则，坚持“三重一大”决策机制，制定教师的工作考核机制，建立奖优罚劣、公平公正的评价制度，发挥评价的导向作用；

党支部坚持从严治党，重在提高教师的师德素养，改进教育行为，建立和谐发展氛围，提高为人师表形象，创设积极愉悦的发展环境，为教师专业发展提供有力保证。

（二）完善培养机制，提供教师成长的保障源

1. 建立分层培养机制

大宁学校建立教师分层培养和使用机制，以完整的一个学期为例：学科骨干教师献课进行学科课堂教学引领，骨干班主任进行专题讲座，做好带班育人故事宣讲，充分发挥骨干教师的示范引领作用，并通过成立名师工作室引领骨干教师向更高的目标迈进。三年以下青年教师制定三年的发展规划和学期的行动计划，用计划指导行动，在师傅的指导下进行达标课展示，参加学科视导活动，从而使青年教师尽快站稳讲台。成熟期教师的展示活动与教研组活动和行政听课等整合，做到人人有展示机会，人人有评课机会，大家互促共研、互帮互学、共同进步。

2. 建立师徒结对机制

大宁学校以师徒帮带为手段，通过师徒结对机制，实现“共生互促”的良好效果。学校为每一位青年教师聘请师傅，制定师徒帮带实施方案，明确师傅和徒弟的职责，如师傅要指导徒弟制定出一个学年的专业成长提高计划，每月至少听徒弟一节课（或指导班务工作一次），课后及时评价，与徒弟共同研究改进教法的措施。徒弟每周向师傅提供一份典型教案，请师傅指导备课方法，提高自身备课能力；每月至少听两节师傅示范课（研究班务工作 2 次），并说说有何收获；每学期在师傅的指导下作校内汇报课（主题班会）一节。师徒共研一节课，相互学习、共同提高。师徒帮带取得了良好的效果，去年在大宁学校任职不足三年的 5 位青年教师参加了北京市房山区第一届“龙源杯”课堂教学基本功比赛，均进入决赛。

3. 建立团队学习机制

在坚持全体教师学习制度的基础上，学校根据教师工作岗位和年龄结构特点，将教师群体分为几个学习小团队，在团队建设中加强专业引领。

（1）以宁远班主任工作室为引领打造班主任队伍。学校成立宁远班主任工作室，每学期，工作室成员围绕班级管理、班风建设、班会设计、家校合作等方面的内容，结合工作中的焦点及热点问题，确定一个活动主题展开学习研究活动。做到每月一主题，主题“小、实、新”。例如，工作室邀请专家来校为班主任进行班级管理支招献策；骨干班主任进行班会展示，为大家引航指路；新任班主任进行教育理论学习与分享；在班主任工作论坛中，老师反思班级特点及班级建设策略，在交流中反思，在分享中收获。这些举措都能够促进班主任团队整体工作水平的提升。

（2）以“青年教师”沙龙为载体推动青年教师团队的学习。学校关注 30 岁以下青年教师团体，以沙龙活动的形式促进青年教师的学习与交流。青年教师沙龙每学期初明确学习任务，每月定期活动。读书交流分享促使青年教师在广泛阅读中成长；名师引路促使教师在案例赏析中成长；说说班级管理中的那些事，课堂评优活动反思交流促使教师在总结、反思中成长；课堂共研促使教师在课堂实践、积累好课中成长。活动中教师轮流主持，在深入交流与学习中，持续提高青年教师的学习能力、深入思考能力、学以致用能力、专业发展能力。教师们在活动中互相帮助，共同提高，享受着同伴互助和自身成长的乐趣。

（三）加强专业学习，提供教师成长的营养源

学校助力教师持续发展，聚焦教育教学，为教师专业学习搭建平台，提供支持。

1. 营造学习氛围

学校以参加苏霍姆林斯基读书研究会和魏书生思想研究会为契机，

广泛开展读书活动，在学校微信公众号开辟宁远读书会专栏。教师阅读相关教育书籍，并结合自己的教育实践，写出教育故事或读书心得，每周有两位教师通过读书专栏进行分享。学期末，大宁学校会召开“我的教育故事”苏霍姆林斯基教育思想读书交流会，教师们在苏霍姆林斯基“没有爱就没有教育”的思想引领下，通过一个个鲜活的事例，诠释着“用心做教育，做心中有人的教育”这一教育理念，思想的交流与碰撞，让教师不断提高自己的专业素养。

2. 积极拓展资源

大宁学校发挥良乡二中教育集团、北小集团校的优势，依托特级教师工作坊、参加区级学科工作室、邀请教研员进行专业视导、邀请市区级骨干走进学校进行同课异构、选派教师参加不同层次的外出学习等多种形式，为教师提供多种资源与多种平台，促使教师们在活动中学习、锻炼、提升。在活动中，有多名教师展露风采，教师的专业水平显著提升。

（四）推动校本教研，提供教师成长的幸福之源

学校在校本教研过程中，建立了“三段一体教研模式”，即每学期以起航、续航、联航三个阶段开展教研活动，三段式的教研方式既是学期教研工作节奏，又是系统教研思维方法。每学期，教师以学校“1345阳光课堂”为引领，聚焦学生的核心素养，抓实核心活动设计，围绕一个核心要素以“小开口、真研究”的思路，重点推进情境创设、核心活动设计、交流互动等制约课堂质量提升的关键问题开展研究，让“合作、共生、幸福”的自主教研文化推进课堂教学水平提升。

1. 起航阶段重谋划

起航阶段，教师编制课程纲要，研读课程标准，学习房山区课堂教学评价标准，为新学期的教育教学做好计划。同时，学校开展单元备课展示，管理人员对如何进行单元备课开展讲座指导，为新学期聚焦单元

备课的主题研究开好头，引好路。

2. 续航阶段重研究

续航阶段重在思考和实践，教研组展开研究、课例研磨，进行教研活动展示，开展教学基本功竞赛、骨干献课、青年教师达标课等活动，引领教师在实践中反思，在反思中实践。

以某学期为例，大宁学校举行“聚焦课堂提质，展示团队风采”的课堂教学展示活动。在活动中，教研组内经历个人备课、集体备课、试讲观课、讲后议课、改后再展等环节，展示活动中每个教研组 1 人现场讲课，1 人进行单元整体教学分析，1 人主评，其余教师进行课堂点评，聚焦大空间课堂的设计，坚持单元分析、课例研究和现场评课三位一体。教研组团体展示促进了教师以单元为主线的大空间、大视野课程意识的形成，促进了教师课堂教学质量的提升，更在团队展示过程中凝聚了力量，促进了和谐共生教研文化的形成。

3. 联航阶段重分享

学期末，大宁学校召开教研成果分享会，加强教师间的展示交流。各教研组围绕自己的研究专题，汇报自己的研究路径、方法和收获。全组成员积极参与，通过课件演示、档案资料展示等各种形式汇报阳光课堂建设的成果。合作与分享让每个人都能够体会成长的快乐，“合作、共生”的幸福教研文化凸显。

总之，学校通过建立教师学习共同体，持续推进教师的读书学习、研究思考、实践提升，教师的教育情怀更深、教育站位更高、教育视野更广、学习研究能力更强，教师的专业素养明显提升，学校教育质量持续提升。构建教师学习共同体，助力教师专业发展，大宁学校一直在路上，今后，大宁学校将继续探索、实践，聚焦教师，瞄准发展，让教师享受职业的幸福。

立德立功，成己达人：教师职业幸福感的有效培育[①]

教师职业幸福感的培育是培养高素质教师队伍的重要内容，是提高立德树人质量的重要前提。学校要对教师职业幸福感的培育高度重视，让教师安心、舒心、幸福地投入教育工作，提高教育质量。

一、立足校情，深入调研教师职业幸福感现状及诱因

教师职业幸福感从总体上看有着共性的特点，但是每个学校的校情不一样，教师职业幸福感也会呈现一些个性特点。北京市房山区大宁学校是一所九年一贯制学校，小学生 800 余人，初中生 100 多人，小学大，初中小；学校教师的年龄结构相对合理，充满活力，低于 30 岁的教职工大约 30%，低于 40 岁的教职工达 70%。学校地处新型城镇地区，也就是城乡接合地区，学生家庭状况较为复杂，对教育需求较为多元。这样的现状必然对教职工的职业幸福感有着深刻影响。

学校通过问卷调查和座谈了解到：教职工中，50% 以上感觉有焦虑，没有幸福感，40% 认为基本满意，有一定幸福感，仅有 10% 感觉有成就感，能够体验到作为教师的幸福。根据调查结果，学校认真分析了影响教师幸福感的因素，主要有以下四个方面。

（一）职业不认同

部分教师在最初择业时，并不是真心热爱教师这个职业，只是为了找个工作谋生而已，这部分教师并没有认识到教师身上担负着传承文明、传播文化、立德树人这一特殊使命。对教师职业的认知与实际要求

① 本文作者系北京市房山区大宁学校党支部书记、校长王永录。

发生偏差，使教师并不是从内心喜欢和热爱这份职业，只是应付性地完成工作，导致幸福感低。

（二）环境不舒心

1. 人际环境不友好

积极和谐、相互支撑的人际关系是提升教师职业幸福感的重要因素。人际关系不和谐，影响工作的好心情；家校关系不和谐，尊师重教氛围不浓郁，师道尊严受到挑战，使很多教师心理不适应；师生关系不和谐，影响教育成效，降低教师成就感。

2. 学校管理不规范

学校工作计划不周全，工作部署存在随意性，会使教师无所适从；学校工作制度不健全，学校管理不规范，会使教师工作无序可循；考核评价不科学，公平公正不保证，会使教师产生怨气。

3. 文化理念无引领

学校的文化理念未能入脑入心，往往挂在墙上、讲在嘴上，却未落实在行动中；办学目标、育人目标导向不够，未能浸润到教师行为里，导致文化理念未能起到引领作用；积极向上的工作氛围未形成，教师的思想和行为不聚焦，存在盲从的现象；教师努力的方向不明，不知对错，影响成效。

（三）工作压力大

一是事务性工作不断增加，工作负担重；二是涉及安全与健康的工作怕出事，出事就追责，心理压力大；三是社会和家长对教育质量的期待高、需求多元化，反之又不希望孩子负担重，教师的质量压力大；四是在减负提质的背景下，教师专业能力难以支撑教育发展的需求，使教师产生了心理恐慌。

（四）认识有偏差

学校地处城乡接合地区，家长的尊师重教氛围不浓厚，教师感到社会地位不高，工作没劲头。教师长期在学校内工作，对社会的认识有偏差，有时看不到社会各行各业的艰辛，会出现不正确的比较，不能正确认识自己的职业和自己的价值，导致职业幸福感不高。

二、遵循规律，明确培育教师幸福感的基本原则

教师幸福感的培育是一项系统性、长期性的工程，需要遵循人的认知特点才能取得实效。

（一）长期性原则

教师能够体验到职业幸福需要认知水平的提高，需要思维方式的转变，需要正确价值观的确立。教师幸福感的培育不是一两次专家讲座、一两次教育活动就可以解决的，它需要长期的教育引领。

（二）计划性原则

学校在对教师职业幸福感进行培育的过程中，要做好规划与计划，遵循学段教师特点，遵循阶段性反映出的问题，针对重点，有意识、有计划地开展教师职业幸福感的教育引领。

（三）系统性原则

教师职业幸福感的培育不能单一宣讲什么是幸福，而是需要从对幸福的理解、对职业的理解、对价值的理解，以及从思想教育、氛围影响、实践磨砺、成就激励等方面进行全方位、综合性的系统培育。

（四）浸润性原则

教师职业幸福感的高低主要是由教师自我认知决定的，其需要在教育中提升认识，更需要教师在实践中去体验，所以职业幸福感的培育需要学校在工作推进中浸润到各个方面，而不能总是挂出教师幸福感培育的标签。

三、整体设计，依托“五大工程”持续提升教师职业幸福感

近几年来，大宁学校结合所处环境、教师年龄结构、生源构成等具体情况，在认识提升、环境影响、实践体验、成就激励、寻求支持等多方面进行思考，全面探索培育教师职业幸福感的有效策略。通过开展好“五大工程”，教师职业幸福感明显提升，教育质量持续稳步提高。

（一）以思想引领工程，增强教师职业认同

1. 以学习提高认识

学校建立了教师政治学习和教育政策学习制度，坚持每月一次集中学习机制。学习内容包括习近平总书记关于教育的重要论述、党的重要会议精神，引领教师深刻领悟教育承担的为党育人、为国育才的崇高使命和神圣职责，不断涵养教师对职业价值的认同感，扭转“教育仅是众多行业之一，教师仅是众多职业之一”的偏颇认识。通过持续学习体悟，使教师认识到自己的职业价值、责任与担当。

2. 以文化涵养师德

学校在组织学习和教育教学工作中，使教师认识到自身不仅承担着为党育人、为国育才的崇高使命，也承担着众多家庭的期望和期待。为此，学校高度重视师德师风建设，大力营造“成己达人”的教师文化，践行“爱、乐、行”理念，树立教师为人师表的形象。

3. 以交流拓宽视野

学校每年开展两次其他行业优秀工作者进校园事迹宣讲活动，教师能够从中体会到其他行业与职业的贡献与价值、辛劳与不易，活动不仅拓展了教师的视野，增加了教师对社会的全面认识，更纠正了教师认为自己地位过低或教师理应受到尊重的偏颇认识，使教师的职业定位和认知更加准确。

（二）以专业发展工程，助力教师能力提升

近几年来，随着教育改革的不断深入，面对双减政策的实施、新课程改革和新课程标准的实施、学生家长对教育的多元需求等新形势、新变化、新要求，很多教师感到恐慌，严重影响了教师职业幸福感。为此，学校抓住关键，开展了支持教师专业能力提升的专项工程。

1. 定期进行教师培训

学校以集中培训、分组培训相结合的方式，以专家讲座、骨干教师讲座、宁远班主任工作室活动、青年教师沙龙等多种形式，对教师进行教育政策、新课程、课堂教学、班级建设等内容的培训，全面提高教师专业素养。

2. 深入开展校本教研

学校坚持开展以“聚焦阳光课堂提质，促进核心素养落位”为主题的系列校本教研，建立校本教研制度，坚持问题导向，以小课题研究为突破口，按学科确立学期具体教研主题，按照起航阶段、续航阶段、联航阶段三个阶段的方式，进行准备、思考、实践、研讨、竞赛、展示、分享、总结，提高校本教研实效，解决学科教学中的实际问题，改进教学方法，激发教师专业发展的信心，促进教学质量的提高。

3. 科学开展教育科研

学校每年年底按照市区级发布的科研课题，结合学校实际，确立下一年的科研课题；积极组织科研团队，邀请专家指导，及时进行阶段推

进会，有力推进课题研究；每一年举行学校教科研月，进行总结、分享、交流、部署，然后学校汇总和推荐优秀成果参加市区成果评比，每年都有 20 人次以上获得区级以上奖项。

4. 持续推动交流互鉴

学校坚持引进外部资源，积极争取加入良乡二中教育集团和北京小学长阳分校教育集团，依托名校资源，开展课堂教学交流互鉴，引领教师专业发展；建立名师工作坊，通过专家指导、实践锻炼、反思提升等环节提升教师专业水平；全力支持教师参加市区名校跟岗活动、教师交流轮岗工作，拓展教师视野，提高教师专业能力。

5. 有序推进课程改革

学校建立了“生命多彩”课程体系和“阳光课堂 1345 教学范式”，广泛征求教师意见，大力宣传课程建设的目标、理念、体系构成、落实方法与路径，大力宣传课堂教学“1345 教学范式”的内涵与环节，在校本教研和课堂教学实际工作中使教师不断强化、引领、体悟，有序推进与落实课程改革，增强教师课程意识，提高教师课程教学的设计与实施能力。

（三）以关心关爱工程，缓解教师身心压力

学校以“爱心、真心、暖心、贴心、用心”的理念，多方位、多渠道广泛开展关心关爱教师工程，减缓教师身体疲惫和精神焦虑，减轻教师工作压力，增强教师感受幸福的能力。

1. 开展教师提高体质的专项行动

学校平时开展教师锻炼活动，规定教师与学生一起参加大课间锻炼，干部带头，有序组织，专人提醒，全员参加，持之以恒；每天下午四点以后，没课的教师可以到锻炼场地参加自己感兴趣的体育活动；定期组织教师参加趣味运动比赛，创设良好的健身氛围。通过参与一系列活动，教师的锻炼意识和身体素质明显提升。

2. 开展教师健康心理建设活动

学校每学期集中开展一次针对教师的心理讲座，为教师系统讲授情绪管理与疏解、健康心理的知识。同时，公布权威心理机构电话，支持老师进行心理咨询。干部定期开展和教师的谈心活动，坚持同理心与换位思考，了解教师心声，理解教师工作困难，解决教师困惑，打开教师工作心结。

3. 开展教师暖心慰问活动

学校工会及时关注每一位教师的身心健康，关注每一位教师的生活情况，及时开展暖心慰问活动，时刻让教师感到学校的关注、关爱与温暖。

（四）以环境优化工程，营造和谐工作氛围

学校的文化环境、工作环境和氛围对教师职业幸福感发挥着极大的熏陶影响作用。

1. 党建引领，典型带动

党支部加强党组织建设，规范开展党组织规范化建设，建立党员先锋岗和党员责任区，发挥党组织的战斗堡垒作用和党员的先锋模范作用；在教育教学工作中树立岗位创优、奉献有为的优秀榜样，带动教师奋发向上，形成用心做教育、心中有教育的良好局面。

2. 文化引领，创设和谐

教师要在工作中渗透学校文化理念，明确工作目标，努力创设和谐共生的文化环境，形成团结合作、相互支持、共同努力、积极愉悦的工作氛围。

3. 多方沟通，和谐共育

一是以学校为主导创设相互支持与理解的和谐家校关系。学校每学期都要进行一次全员家访，所有老师通过线上线下与家长进行沟通，了解家长的需求与心声，密切家校关系；每学期开展一次学校开放周活动，

邀请家长参加学校的教育教学活动，增加家长对学校的了解；每学期召开两次家长会或家庭教育讲座，宣讲学校的教育目标与家校配合需求，宣传家教知识与方法，提高家长家教水平和对教师的理解度。二是学校主动与周边社区联系，争取支持，宣传学校的办学理念、办学目标，以及具体办学情况，争得社区的理解与支持，创设平等、尊重的良好氛围。近年来，周边社区为学校提供了停车场，解决了教师停车难的问题，让教师感到温暖与支持。

4. 提供舒适工作条件

学校中午尽力为教师提供休息的空间，不断改善学校饮食，为教师提供人际交流的空间，安静读书的空间，以及良好的工作条件。

（五）以管理改进工程，激发教师创新活力

学校管理是否科学规范、公平公正，是影响教师在校园内工作是否舒心、安心、有上进心的关键环节。为此，学校坚持与时俱进进行管理改进工程，促进教师职业幸福感。

1. 持续完善学校管理制度

学校在坚持教育教学制度稳定的同时，也在根据工作实际进行及时改进修订。在制度的制定与实施过程中，学校要广泛听取教师意见，增强教师遵守规章制度的自觉性。

2. 持续优化教师考核机制

学校始终坚持以工作为重，以工作成效为准，优化教师绩效工资制度；在工作中坚持过程性评价和终结性评价相结合的原则，坚持公开公平，发挥考核评价评优选先、向上向好的导向作用。

3. 持续提高管理水平

学校持续提高管理干部和业务干部的管理能力，始终坚持以“学习、研究、沟通、带动、落实”为关键词，敢于管理、善于管理，保证工作有计划、有详细部署、有实施步骤、有阶段反思、有总结提升，提高管

理干部与业务干部的组织能力、动员能力、管理实施能力，注重工作实效。

总之，教师职业幸福感决定着教师的身心健康，影响着教师工作热情，决定着教育质量，学校必须高度重视，综合施策，为教育强国战略下实现高质量教育提供人力支撑。

向光而行，赋能成长
——青年教师培养的校本实践[①]

助力青年教师快速成长，实现师德师风、教育教学能力的同步提高，进而促进学校的可持续发展，是当前义务教育阶段各学校工作的着力点和归宿。北京市房山区石窝中学在青年培养方面进行了一些探索，并取得初步成效。

一、加强思想引导

（一）提升青年教师思想政治素质

学校充分发挥党组织的战斗堡垒作用，强化学校党建引领，引导青年教师牢固树立理想信念，以德立身、以德立学、以德施教，使学校党建工作的开展和青年教师业务能力的提高有机融合。

1. 提升政治理论水平

党支部作为学校的管理部门，组织青年教师持续开展马克思主义理论的学习和研究工作，这样不仅可以提升教师个人的政治素质，还能成为教师生活和工作的指导思想，进而促进教师业务能力的提高。

只有树立争先创优意识，才能逐渐壮大青年教师队伍。面对当前学校内部的困境，石窝中学通过培训、宣讲、评价等环节，不断提高青年教师的思想政治素质。

2. 制定落实思想政治道德规范

为人师表，身正为范，教师的一言一行直接影响学生的思想行为，

① 本文作者系北京市房山区石窝中学教学主任隗秋利。

教师只有用道德规范严格要求自己，才能引领学生奋发向上，形成教育的良性循环。因此，学校制定了相应的道德规范，将其落实到制度上，并发挥监督作用，提高青年教师的道德水平。

（二）加强对青年教师的关爱体贴

贴心服务感化人，倾囊相助感动人，只有生活稳定，才能安心工作。石窝中学大部分青年教师性格腼腆、内向，因此，学校管理部门要想在前、走在先，切实解决教师生活中的各种困难。例如，在教师宿舍安装电视、空调，在洗漱间配备洗衣机、专门的洗澡间。同时，学校要也要对节假日不能回家的老师开展一系列的送温暖活动。

二、搭建成长平台

石窝中学的青年教师专业过硬，但经验欠缺，因此，学校为青年教师搭建了成长平台。通过师徒结对撰写教案、组织教学、布置作业等方面加大培养力度，并把教学和科研紧密结合起来，通过专业知识竞赛帮助教师储备专业知识，形成过硬的教学基本功，加速年轻教师的成长。

（一）组织师徒结对

为促进青年教师的快速成长，学校充分发挥教学骨干的示范引领作用，通过传帮带促使新教师在较短的时间适应教育岗位的基本要求，实现师德、教学、教育管理能力的同步提高。

新任老师入职前，由主管校长、优秀班主任、骨干教师组成的“培训团队”对其进行分级、分类岗前培训，从工作、生活等方面细致入微地为新教师上好“入职第一课”。石窝中学刚参加工作的新任老师马宇梅在区级骨干钱余老师的精心指导下，无论是撰写教案还是组织教学，都实现了质的飞跃，其班级管理稳中有升，教学成绩更是名列前茅。

（二）开展学科竞赛

学科知识功底是教师的安身立命之本，石窝中学每学期都会安排青年教师进行专业知识考试竞赛，11月初赛，12月决赛，决赛分为片段教学、演讲比赛、教育故事、微主题班会比赛四个主题赛事，从多维度、多层次评价青年教师。石窝中学青年教师任文婧专业知识过硬，业务能力强，在历次竞赛活动中脱颖而出，成为年轻教师中的佼佼者。

（三）注重科研引领

参与教育科研活动是教师成长和发展的必要途径，也是解决教学问题的有效手段，更是提升教育发展内涵的有效保证。为全面提升教师科研水平，尤其是提高青年教师的科研能力，学校进一步完善课题管理办法，深化主题研究，确定每周一主题，每次一主讲，本着关心教师、尊重教师、服务教师、发展教师的原则，围绕计划、实施、检查、总结四个环节，分层开展培训，促进教师专业成长。

三、提升教学基本功

教学基本功是指教师在教学中的基本技能，是教学工作取得成效的关键。注重教学的基本功，教师才能提高教学的综合能力和实践水平，从而推动教学质量的整体提高。

（一）指导编写并审阅教案

如果说备课是上好课的先决条件，那么教案就是全部备课劳动的结晶，是在课程计划、课程标准、教材与课堂教学之间架起的一座沟通的桥梁。所以，教案的编写在整个教育教学中的作用是不言而喻的。学校教学管理部门设有学科教案编写团队，专门指导青年教师编写和检查审阅。石窝中学开展教案评比展示活动，对优秀的教师给予表彰，极大地调动了老师们的积极性和主动性。

（二）注重集体备课与学习

要“高起点、高规格”培养青年教师，就要通过集体备课，带领青年教师吃透课标、通览教材。老教师要教他们把教材读透——做到“精”，找出教学重点和难点——做到“准”，把握学科进展趋势和走向——做到“新”，深刻领会学科知识深度与广度——做到“深”，能将知识前后联系并用于解决实际问题，进入融会贯通境界——做到“熟”。

（三）精心指导教师预讲

对于青年教师而言，试讲是熟悉课程内容、检验教学准备情况、提高课堂效率、提升教学质量的重要教学管理制度。学校由教研室和导师组织预讲，预讲前导师同青年教师一起备课，既备教学内容，又备教学方法，由青年教师作为中心发言人。青年教师预讲由大家评说，肯定成绩，指出不足。在导师的指导下，青年教师多次修改教案，充实、丰富教学内容，从预讲中锻炼青年教师的思维能力、表达能力及对教学内容的分析、理解能力，发现问题又能得到及时纠正。

（四）组织课堂教学观摩

教学观摩的重要意义在于，走进其他教师的课堂，观察同事的教学现场，并通过与同事的交流切磋，使青年教师认识自己与他人教学见解的异同，认识自己的教学行为和学生的学习行为，进而发现自身的教学风格，在共鸣中改进教学策略。在观摩教学的过程中，青年教师要重点掌握老教师的主导作用，课堂教学与美感教育的关系，启发式教学与吸引学生的方法等。青年教师要有目的、有计划地观摩经验丰富的老教师的课程，做好听课记录，学习老教师在课堂上如何组织教学，运用什么样的教学方法，采用何种教学语言和表情，再结合自己的风格和学生特点实施教学，使教学效果最大化。

提升实训操作与现代教育技术能力，实训教学不仅可以启迪智慧、磨炼意志，在陶冶情操的基础上激发学生的求知欲，更能够创设符合学生认知规律的学习环境，较好训练学生掌握科学方法，培养各种能力。在现代教育技术方面，石窝中学开展课件展示、电子报刊制作等竞赛，促使青年教师学习现代教育技术，并应用到实际教学中去。

四、注重评价激励

教学评价不仅可以为改进教学方法提供依据，还可以明了课堂教学目标的达标情况，更是调整教学行为、反思和改善教学计划与方法的重要手段。

（一）记录成长档案

学校管理部门每个月会从教学、教研、德育三个方面对青年教师的成长进行追踪并记录，使青年教师在对标自己、对标同伴的过程中不断获得成长的压力和动力。成长档案的撰写由教学处、德育处和教研中心三个管理部门承担，学校历次的检查评比结果、公开课、研究课、组织的活动、质量检测等都由主管部门记录，定期召开总结反思会。此外，青年教师还要规划未来，对自己未来三年的发展制订计划，引领自己逐渐走向成熟。

（二）加强反馈指导

教学反馈评价是教学质量监控的基本要素，评价结果在改善教学质量、加强教学督导、考核、评先评优等方面的作用是不言而喻的。因此，学校成立评价检查小组，对青年教师的政治思想、教学能力、科研能力进行定期和随机的跟踪检查，对表现优异的教师给予表扬鼓励，对表现欠佳的老师进行及时提醒，并作为日后工作安排的凭证和依据。

对于青年教师的培养，制度落实是保障，跟踪检查是途径，反馈评价是手段。通过一段时间的培养，石窝中学各学科涌现出一批骨干教师，他们积极向区级骨干教师、学科带头人靠拢，获得了更广阔的成长舞台。

感受“尊重”，体会“价值”，破解教师老龄化影响①

教育大计，教师为要。教师作为教育过程中极具创造力的生产要素，其自身素质与职业幸福感的提高，能够在很大程度上推动学校教育质量的提升。当前，教师老龄化是困扰很多学校发展的一个重要问题，如何通过有效挖掘学校自身潜力，有效突破这一影响学校发展的瓶颈呢？昊天外国语学校结合校情，通过强化分析，进行了一系列的有效探索，降低了教师老龄化对学校整体发展的影响。

一、教师队伍老龄化的表现与问题

北京市房山区昊天外国语学校是一所区直属九年一贯制学校，学校成立于2004年，现有教职工165人，其中，市区级骨干教师27人，区级骨干班主任10人，高级教师31人。自2017年以来，全校教师中，45岁以上教师数量比例逐年上升，2021年达到101人，占比达61.2%。同时，近5年退休教师高达50人，约占全校教师总数的30.3%。从数据可以看到，昊天外国语学校教师队伍老龄化现象比较严重。

随着年龄增长，教师身体和心理方面出现健康预警，长期较大强度的脑力和体力劳动导致他们出现了一系列身体疾病和心理情绪等问题。与此同时，老师们对教学的热情有一定的降低，特别是老教师，他们临近退休，有歇一歇、换换岗的要求。他们缺乏创新热情，不愿意改变自己，在使用多媒体、计算机和制作课件等方面，满足于一般标准和水平，常用常新的改进动力不足。在学生教育管理方面，老教师更多地秉持自

① 本文作者系北京市房山区昊天外国语学校副校长师文涛。

己固有的教育方法和观念，与新时代教育思想和要求衔接不够，造成教育效果降低。

二、正确认识教师老龄化问题

老教师经验丰富，有独特的教学经验、良好的教学方法以及对教育教学实践操作的感悟体会，形成了自己独到的见解。在培养学生方面，他们能够更精准地捕捉到学生的问题，给予学生针对性更强的辅导；在培养青年教师提升业务能力方面，他们可以提供更多的优秀经验和专业指导；在教学评价及命题研究等方面，他们能够对学科知识、能力和素养等要求整体熟练把握。

教师老龄化问题与教师职业倦怠问题有很多共同点，要想解决教师老龄化问题，学校关键还要在主体作为上下功夫。学校要将这一问题与改变教师职业倦怠相联系，把增强教师职业幸福感作为解决该问题的关键，并将增强教师自身价值感作为提升教师职业幸福感的重要切入点。当教师的自身价值不能很好地实现时，他们在工作中就会产生挫折感、疲惫感、无力感，就会缺乏工作活力与精气神，在心理层面产生自我怀疑，影响工作干劲与激情。所以，学校应该主动而为，围绕教师价值感提升，采取一系列有效举措，对破解教师老龄化问题进行整体设计。

三、破解教师老龄化问题的探索实践

（一）用“尊重”为教师发展搭台

昊天外国语学校办学目标为：办一所尊重生命、具有国际视野的现代学校。“昊天教育”是建立在学校“尊重教育”基础上的，以遵循规律、规则为前提，以对人性的理解为基础，以尊重知识和自然的实践活动为载体，实现培养人、塑造人、规范人、指导人的、真正具有长远意义的教育。而“尊重教育”的目标之一“尊重教师”，就是维护教育和职业的尊严，建设一支拥有高雅教育情怀、较高价值感知和较高职业幸福感的师资队伍。

1. 培训平台

学校加大经费投入开展教师培训，全力支持教师外出学习培训，切实提升业务专长。学校与北京市三帆中学、北京市前门外国语学校、唐山市开滦第十中学、承德市第七中学、清华大学附属小学、北京市府学胡同小学、石家庄市裕华路小学等京内外优质资源校建立手拉手合作关系，签订合作协议，实现跨区跨省学习交流，促进教师专业发展。同时，学校每学年组织教学干部、年级组长、备课组长、骨干教师和班主任分期、分批参加全国范围的教师专业发展培训活动。例如，赴盘锦参观学习魏书生教育教学思想实践研究成果，参加全国外语特色学校教育研究会，以及山东青岛班主任培训等活动。学校逐年增加教师业务培训经费，自 2018 年以来，连续 5 年，昊天外国语学校年度教师培训经费支出已经占到学校办公经费总额的 10% 以上，实现专业培训助力教师成长。

2. 培养平台

学校不仅制定了《教师队伍培养规划》，加强骨干教师队伍建设和中青年教师的培养和使用，而且还组织骨干教师和中青年教师参加市、区、校等层面的学科名师工作室、学科工作站、优秀班主任工作坊等。学校既注重在市内、区内、校内、组内将学习成果转化推广，实现以点带面的培养目标，又建立师徒结对机制，将特级教师、市区骨干教师和优秀老教师的示范引领作用与教师培养工作进行有效融合衔接。例如，市级骨干雷海霞工作室、张勃数学工作室、郭芳物理工作室，区级优秀班主任吴淑新工作坊等都是老教师挑大梁，吸收中青年教师参加。工作室主持人制定三年规划和学期工作计划，定期组织开展工作室活动，并在每学期末进行成果汇报，有效的教学实践探索切实提升了教师培养成效。

3. 展示平台

学校鼓励教师积极参加市、区、校级公开课、研究课、示范课、规范课等评比展示活动，通过教学观摩、经验分享、研讨交流等提升教师专业能力。教学处在每学期末组织的“教研的一米阳光”备课组长教研论坛、骨干教师经验分享、青年教师成长论坛等活动更为教师搭建了更多互相交流学习、促进个人成长的舞台。在这里，经验丰富的老教师没有被边缘化，而是在扮演着专家、评委和榜样示范的角色。

4. 激励平台

学校努力破除“五唯”的量化评价手段，强化以人的成长为核心的评价，全面优化教师评价激励手段，激发教师工作活力。学校工会和党支部不仅组织全体教职员工参与推荐评选星级教职工、师德标兵、三八红旗手、优秀党员、优秀教师等工作，而且组织召开全体教职工会，大力宣传表彰个人事迹和开展典型经验交流。例如，在每年教师节庆祝活动后，学校每月组织一次全体教职工大会，组织获奖教师分批次进行事迹宣讲、经验汇报。党支部在每学期组织一次“辛勤耕耘三十载，甘为教育写春秋”的退休教师教育生涯汇报会。每位老教师用朴实无华的语言用心讲述自己的教育教学经历、难忘的体会和感触，表达自己无私、无怨、无悔奉献教育事业的心声。在全体教职工大会上，校长专门为老教师致颁奖词、颁发奖杯，老教师的辛勤得到肯定，事迹得到宣传，荣誉得到弘扬，价值得到认可，这也对全体教师进行了增进教育情怀、不忘教育初心的再教育。

（二）“轮岗”促价值感提升

2022 年秋季学期，房山区全面启动干部教师交流轮岗工作，这不仅促进了教师的交流互动，而且达到了城乡师资统筹、资源共享的目的，更是缓解学校教师老龄化问题的一个有效举措。昊天外国语学校以激发乡村教师发展动力、解决城镇教师持续发展和骨干教师均衡分布为导向，坚持区域（集团）统筹、学校调配和个人意愿相结合，坚持学校实际需求和干部教师个人发展相结合，制订了学校交流轮岗三年计划。按照规定，凡距离退休时间超过5年（男55周岁、女50周岁以下，根据退休政策动态调整），且在学校连续工作6年及以上的教师，原则上均进行交流轮岗。学校结合教师个人意愿，考虑年龄结构，统筹学科教学安排，做好教师轮岗布局，特别是对45周岁以上符合条件的教师进行了三年轮岗匹配。

实践证明，轮岗工作已成为缓解教师老龄化问题的一项有效策略。昊天外国语学校自2018年开始组织先行轮岗试点工作，学校选派教师，通过以强带弱、优质服务辐射等方式，对发展不平衡、师资配备不均衡、专业发展不充分的薄弱学校进行轮岗和支教工作探索。四年里，共有12位教师参加了轮岗和支教工作，他们在农村学校产生了深刻的教学体会和感受，每位教师发挥丰富的教学经验和技能，为农村学校发展带来了新动力和新能量。可以肯定，轮岗工作不仅促进了教师流动，提升了教师的价值感和成就感，更激发了老教师的工作激情。

（三）做好学校管理的“主角”

我国法律规定，教师享有民主管理权，对学校教育教学、管理工作和教育行政部门的工作提出意见和建议，通过教职工代表大会或者其他形式参与学校的民主管理。而学校的民主管理，就是要集中群众智慧来管理学校，就是在学校内部坚持民主，保障教职员工有参与管理学校的权利，有监督学校各级管理人员的权利，就是要充分发挥全体教职工的工作积极性，使教职工真正成为学校的主人。

一是学校教代会组成体现老、中、青不同年龄结构。职工代表充分享有代表权利，听取校长工作报告，讨论学校发展规划、年度工作计划、学校改革方案、教职工队伍建设等重大问题，并积极提出意见和建议，心系学校发展，体现主人翁地位。

二是学校推荐老教师代表直接参与年度教师职评、评优评先、干部评议等涉及干部教师切身利益的重要事项，从一线教师的角度听取一线的声音，保障审议评议及推荐的结果公平公正。

三是学校设立“金点子”奖，每学期，每位教职工都要对学校整体工作或部门工作提出改进建议，学校进行筛选奖励，鼓励教职工为学校发展建言献策。通过这一奖项评选，广大教师能够更深地体会到自身的价值和作为学校一分子的重要性。

（四）丰富教师的精神生活

一所有活力、有温度、有竞争力的学校，能够听到老师和学生的笑声、歌声、读书声，能够看到老师和学生的运动。昊天外国语学校建立教师运动和娱乐保障机制，工会定期举行篮球、羽毛球、乒乓球等竞技类体育比赛，开展茶艺、调鸡尾酒、插花、十字绣、瑜伽等业余兴趣学习活动；每年组织一届迎新春教师大联欢活动，组织教师外出登山和健步走活动。这些活动既丰富了老师的精神文化生活，又大大提高了教师的幸福指数。虽然活动可能仅仅锻炼了身体，愉悦了身心，但是因为参与活动使老师增强团队意识、竞争意识而产生的价值效果是巨大的。老师们深爱自己的学校，以校为家，把“校兴我荣”作为个人发展追求的目标。

（五）家校携手营造“尊师重教”氛围

教师的价值感、成就感和幸福感很大一部分源于学生的成长以及家长和社会的尊重。学校利用“家长学校”“家委会”“教师节庆祝大会”“开学典礼”“师生运动会”“亲子乐园”等平台，把家长请到校园来，让师生和家长讲好他们之间的感人故事；邀请家长代表和优秀毕业生代表参加老教师退休欢送会，让家长和学生为退休老师戴红花、颁证书、赠感言，让教师回忆奉献历程，真正感受到教书育人的职业生涯受到肯定和尊重。同时，这些活动也进一步拉近了老师和学生、老师和家长的距离，从而更有效地开展教育教学工作，促进学生发展。

调动和激励教师的十个建议①

学校领导要了解、分析管理对象的内心愿望。物质满足是一个方面，教师更需要深层次的尊重和激励。只有激励因素才能够给人们带来满意感，而保健因素只能消除人们的不满，但不会带来满意感。因此，如何认定、分析激励因素和保健因素并“因材施导”，是激励教师的关键。人是一种很复杂的高级动物，要调动他们的积极性，必须对他们进行精神激励。

一、管理有温度，彰显人性关怀

在学校管理中，很多干部往往认为“管理”就是把被管理者控制、约束住，让老师们听话，别“炸刺”；管理就是把钱看住，一分钱都由校长说了算。有了这种价值取向，管理的方法自然就是一套操作性很强的硬性制度。教育是需要用心去做的，缺少了感情投入的教育，无异于拙劣的工人面对机器、“守株待兔”的宋人面对田地。所以，学校管理者在布置任务、实施管理时，应该学会换位思考，领导干部应该使自己的管理做到让人愉悦、高效地去做正确的事。

制度的背后是文化，核心是价值观。制度是无上的，但制度管理只能解决“不可那样做”或“只能这样做”的问题，而不能解决“为什么我要这样做”“我如何才能做得更好”的问题。一个学校只有高效能、讲人道、可持续，才能够具备今天的飞跃与明天可以看得见的灿烂，成为名副其实的好学校。

① 本文作者系北京市房山区良乡中学学术中心主任付秀华、葫芦垡中学党政办公室主任白丽君。

二、正向激励，扩大教师专业影响力

要做到正向激励教师，就要把合适的人放到合适的岗位上，这是对教师个性特长、专业发展、职业规划的尊重。每位教职员工的学识修养、个性特点、能力技能、价值观与动机等素质因素存在差异，客观认识每个人的特点，并分配合适的任务是管理者最重要的职责之一，即知人善任。

学校管理者尤其要注重培养和使用骨干教师。对于一所学校来说，中层干部、年级组长、教研组长这些人都是学校的骨干，学校的这些骨干在各自的岗位上发挥着示范作用，他们的影响力是巨大的。年级组长、教研组长在教师群体中的领导力是不容忽视的，领导力强的校长要能识别出关键教师，并让他们参与决策制定环节，并让他们以正确方式，帮助各种教学项目的实施。关键教师有无形的领导力，同事之间的信任使这种变化平稳而有效地进行，这种方式要比自上而下的方式好得多。

三、职责分明，增强教师岗位认同感

被誉为“科学管理之父”的泰勒在其发表的著作《科学管理原理》中有一个重要的管理思想，就是要明确管理者与工人各自的职责；被誉为“经营管理之父”的法约尔在其著作《工业管理与一般管理》中提出了很重要的管理原则，就是分工原则、责权统一原则。不管是这些古典管理理论，还是行为科学理论、现代管理理论，核心就是责任要明确。在工作中，教师最讨厌领导把自己的岗位职责全推到教师身上，教师无法明确自己的职责范围，自然就对自己的岗位职责没有认同感。久而久之，教师就会认为自己的工作了然无趣，其工作热情会骤减或消失，对自己的本职工作也会疲于应付，既损害了教师个人利益，又不利于学生健康成长，学校的发展自然也会受到极大的影响。

学校要明确目标和任务，就需做好三方面工作。一是运用目标管理。

制定出合理的、有针对性的目标，发挥目标对教师的凝聚作用，从整体上提高教师工作的积极性；善于引导教师自觉地树立目标，发挥目标的能动功能和导向功能，使教师的目标与学校目标和谐统一，愿景一致。二是分工负责。学校要把任务落实到部门，责任到人，使人人肩上有任务。学校每个处室、每位教师都要围绕中心工作，制定切实可行的目标任务，明确自己的职责，反思自己在岗位上解决了多少问题，抓成了多少工作，办成了多少实事。三是严格奖惩。《资治通鉴·梁纪》中说："天下大务，莫过赏罚。赏一人使天下之人喜，罚一人使天下之人惧，苟二事不失，自然尽美。"[①] 只有奖罚分明，才能树立威信、确立标杆，推动工作落实；只有奖惩分明，才能鼓励先进、激励后进，有力地推动工作。

四、以身示范，用言行鼓励和感染教师

《社会学概论新修》指出，社会角色是指与人们的某种社会地位、身份相一致的一整套权利、义务的规范与行为模式，它是人们对具有特定身份的人的行为的期望。在社会中，角色不是孤立存在的，总是与其他角色联系在一起，这样一组相互联系、相互依存、相互补充的角色就是角色集。任何一个人都不可能仅仅承担某种社会角色，而是承担着多种社会角色，他所承担的多种角色又总是与更多的社会角色相联系。[②] 校长作为一个学校的带头人，自然拥有多种社会身份，扮演着多种角色。校长具有法人地位，有机构设置权、人事管理权、经费使用权、教育教学管理权及校舍校产管理权等。所以，校长是学校发展方向的指挥者，又是教育科研学术带头人，校长要学习和研究教育科学和管理科学，按教育规律和管理规律办事，才能办好学校。在工作中，校长不但要处理学校内部各部门、各方面的关系，而且要处理好学校内部与外部环境的

① 司马光．资治通鉴：第 2 册 [M]. 北京：中华书局，2011：87.

② 郑杭生．社会学概论新修（精编版）[M]. 北京：中国人民大学出版社，2009：139.

关系，处理学校与家庭、社会的关系。于是，校长又拥有了内部人际关系的协调者和外部合作交流的联络者的身份，还有办学服务者、后勤工作的经营管理者等角色。无论哪种角色，校长都要认真扮演、精心投入，校长精神饱满地做事，对老师是一种无声的引领。

五、搭建交流平台，促成相互信任的和谐关系

校长是一个学校的统帅，需要学会用耳朵倾听，用眼睛观察，用实践体验，用头脑思考；要明确问题是什么，要问问为什么，要想想怎么办。校长要善于倾听老师的谈话，从谈话中听出老师的需求，并在适当的场合给予满足或表示自己还记着，教师就会有受到尊重的愉悦感觉。当然，并不是到此为止，而是想方设法搭建平台，让老师有更多的交流平台。任何一所学校，都需要一种和谐的文化氛围，领导、教师、学生相互之间都需要建立一种和谐的、相互信任的关系。一个好的校长能做到这一点，而且好的校长一定要做到这一点。只有校长与教师互相都能够倾听对方意见，才能更好地实现双向交流，这种相互尊重的倾听、交流，是校园和谐的重要标志。

六、以师为本，提高教师的职业幸福指数

国家督学、十一学校校长李希贵在《学生第二——把你的教师放在第一位》中说的“把老师放在第一位”就是针对学校领导，尤其是“一把手”校长提出来的。“一位教师，当他的家庭问题、待遇问题、被社会认可的问题都不成问题时，他们自然就会把所有的精力都放在学生身上。”“对校长来讲，教师就是实现你教育理想的‘天使’，只有当教师从自己的角度出发，觉得应该把学生放在首位的时候，他们才会发自内心地这样想。”“教师第一”，就是校长的管理首先要体现以教师为本，以教师的发展为主旨，当然，这也并不否认以学生为本，以学生为本更多地应该体现在教育教学活动中，尤其是教师的教育教学活动中。从校长的

管理角度来说，教师是学校教育改革和管理的主力军，是学校文化传承和创新的主导力量，是学校可持续发展和提升的根本源泉，所以把教师的发展放在第一位，对学校的发展至关重要。校长需要做的是树立“以师为本”的管理思想；营造一个互相尊重的环境；营造浓重的文化气息，积淀深厚的文化底蕴。

七、创建学习空间，让高质量培训为老师赋能

无论是上级主管部门的培训，还是学校的校本培训，初衷是非常好的，即希望这些活动能够促进教师专业的发展，乃至教师的发展。但实际效果是教师常常疲于应付。观念上的误区必须走出来。对于领导来说，有价值的培训要搞，无价值的培训就不要去牵扯一线教师的精力；对于教师来说，有价值的培训，不能当差事去应付，要从培训中得益，总结提升自己，以便增强自己的专业能力。

校长要支持教师参加业务培训，如参加学习班，或学校付费的各种有益的学习交流、研讨会等。校长应该有这样的理念：培训是一种福利，教师有权利也有义务享受这种福利，有益的培训，不但可提升教师士气，也可为其提供必要的技能训练。这些活动有助于减轻教师的消极情绪，缓解教师的工作压力，提高教师的创造力。

八、多一份关怀，让老师感受到来自学校的温暖

教师从事的工作是神圣的，正因为神圣，所以压力大。工作压力大，工作之外的生活也不是轻松的。笔者曾经对一线教职员工做过一些问卷调查，教职员工对自己的工作环境、人际关系非常满意的不足 50%；对自己工作之外的生活感到单一、无趣的则超过 50%。在调查中，笔者发现，95% 的老师出身农村，家庭不是很富裕；40 岁以上老师占到 73%，他们上有老下有小，生活压力很大。

校领导应该关心教职员工的生活，关注教师在住房、就医、子女教

育、配偶就业等方面的困难，尽力解决教师后顾之忧。校长要关注、理解老师复杂的生活环境，给予老师一个微笑、一句问候，为老师解决一点生活困难……实际上只是多一点人文关怀，老师就满足了。

九、构建人文校园，让每一位老师浸润其中

环境能潜移默化地影响生活在其中的人。营造温暖的校园环境不仅可以给人以情感的熏陶，而且可以增强学校的向心力和凝聚力。校园环境建设是学校文化建设的重要组成部分，学校文化能创造出一种潜伏的、弥漫的、浸染于整个校园的精神风范，极大地影响学校每一个成员的价值选择、人格塑造、思维方式、学术氛围、道德情操以及行为习惯。

校长要努力构建新型的环境文化。要打造生态校园，构建弥漫人文气息、充满人性关怀，能够浸润师生心灵、陶冶师生情操、升华师生人格、儒雅师生风范的校园环境，形成外显直观的人文化的环境文化。

校长还要努力构建新型的教师文化。教师一方面体现了作为制度文化传递者和学校秩序维护者的文化，另一方面又体现了作为学生学习指导者与建议者的文化。学校应加强学习型组织建设，坚持团体学习、终身学习、持续学习，改善教师的心智模式，通过校本研修促进教师专业发展，生成学习上进、严谨博学、和谐健康的教师文化。

十、提振学生士气，让教师热爱自己的事业

教师的职业倦怠有大部分因素来自部分“难管”的学生。部分中小学生厌学现象严重，上课说小话、打瞌睡，空余时间就想着看电视、上网玩游戏，久而久之，有些教师的积极性就被打消了，甚至开始厌恶自己的工作。因此，学校必须采取有效的管理措施提升学生士气，以此来激发老师的士气。

士气就是斗志，它是一种由激发产生的精神、潜能而表现出来的行为；士气就是精气神，遇到困难必须提起精神，在个人成长过程中同样

需要这种精神。要提高学生的士气，就要触及学生的灵魂，要使其为之一震，焕发精神，挖掘潜能。学生想学习了，会学习了，士气就会大涨，教师的积极性自然就会提高。

第四编 | 课程教学

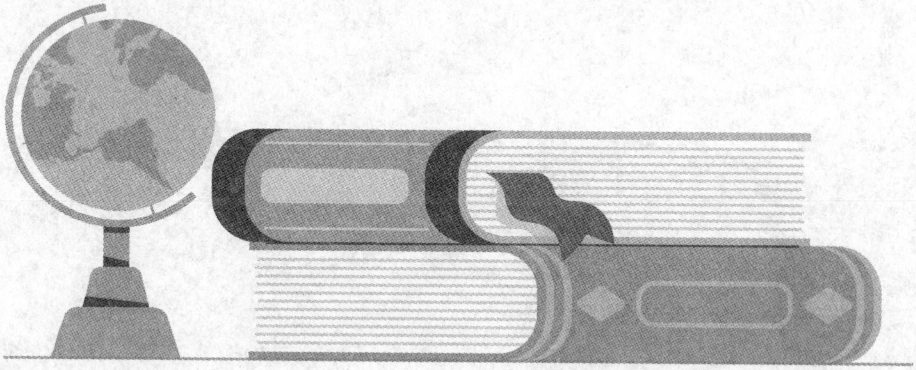

引言

学校因课程而精彩[①]

课程作为一种古老的教育实践，通常指课业及进程。自 2001 年第八次课程改革启动后，为充分调动地方和学校的积极性、增强教育针对性，国家开始实行三级课程管理——国家课程、地方课程、校本课程分级管理。广义的学校课程指的是国家、地方、校本三级课程的整合，狭义的学校课程指的是三级课程中的校本课程。教育部进一步完善了课程培养目标，优化了课程设置和内容结构，增强了课程实施的指导性。2023 年 5 月，教育部提出落实立德树人根本任务，深化基础教育课程教学改革，明确提出“课程方案落地规划”的重点任务，要求制定课程实施的学校规划。课程建设和实施以学校为主体，学校通过课程建设提升教育品质和教学质量。房山区课程建设经历了学校课程一体化构建阶段，但在课程建设和实施方面仍处于不断探索的阶段。

一、整合三级课程

为增强教育的针对性和适用性，新一轮课程改革改变了国家课程一统天下的局面，实行国家、地方、校本三级管理。在本书的《学校课程建设的困境与实践突围》一文中，段文海校长以房山区葫芦垡中学为例分享了学校在课程建设中的思考和行动。文章在分析课程建设缺失的内外部环境、师资力量、生源状况等关键要素的基础上，重新梳理了学校课程的规划和实施；在明确学校课程目标的基础上，细化学段目标，梳理课程结构和课程内容。文章重点阐述了三类课程的实施策略和方式，

① 本文作者系北京市房山区教师进修学校干部培训处教研员白永然。

在学校课程建设和实施过程中提升了教师的课程领导力、促进了学校特色发展，也满足了学生全面而有个性的发展需求。

校本课程是新课程改革的亮点之一，既凸显适用性，也体现实践性，有特色的校本课程可以改变学生的学习方式，丰富师生的实践体验。房山区青龙湖中学“三旅”课程项目组通过研发“三旅”课程，使学校整合校外教育资源、组建研发团队，开发了“三旅”特色实践课程——“自然之旅”“文化之旅”“红色之旅”，让学生对自然、社会、自我形成了完整认识。“三旅”课程分年级系统设计，明确课程目标、课程内容、实施方式、实施课时和课程评价，提升了学生的实践能力和教师的科研能力，形成了丰富的理论成果和实践成果。

二、实现五育融合

2018 年 9 月，第五次全国教育大会过后，劳动教育重新进入教育体系。“五育融合”是指向高质量教育发展的重要途径，通过学校课程这一育人载体而实现，涉及学校的方方面面。房山区石窝中学隗秋利主任在《推动学校整体变革 培育新时代乡村少年》一文中，以培养新时代乡村少年为目标，分别从学校课程建设、课堂教学变革、校本教研改进、家校社协同几个方面呈现了学校整体变革中的思考和行动。

劳动创造了历史，劳动创造了世界，劳动创造了人本身，劳动的价值被充分肯定。第五次全国教育大会将劳动教育纳入“五育”，需要学校明确五育关系，坚持“以劳树德，以劳增智，以劳强体，以劳育美，以劳创新”的观念，在学校教育中整合发挥劳动教育的作用。原窦店中学团委书记、现北京十二中朗悦学校党支部副书记、工会主席葛世坤在《构建“3+3+2”教育模式 助推劳动教育创新发展》一文中呈现了窦店中学牢牢把握劳动教育导向性、教育性和系统性的原则，充分挖掘城乡接合地区学校的教育资源，将劳动教育融入学校教育教学工作，创新构建“3+3+2”的劳动教育模式。在这一过程中，学校推进常态化开展，研发劳动教育课程体系，构建劳动教育全学科融合、全链条设计的特色化模式，助力学校劳动教育高质量发展。

三、推动教师发展

教师为立校之本、兴教之源。当教育从大众教育逐渐走向教育个性化发展、创造性发展时，教师的教学能力不再作为衡量教师专业水平的核心能力，而是底线要求。学校管理更加关注教师的课程能力、工作热情、职业精神，更加关注教师的综合能力。教师的课程能力包括课程建设、实施和评价能力。课程建设和实施需要从学校实际出发，从学生实际出发，从课程资源实际出发。高质量的课程实施是在体现国家意志、落实教育方针的基础上，根据学校实际情况对课程、教材进行二次开发的过程。

教师不仅是课程实施者，更是课程开发者，校本课程开发尤其需要教师的参与。教师发展是学生发展的前提，学校管理者往往通过教师发展来推动学生发展。房山区良乡第二中学原教学副校长、现房山区四〇一学校校长冯秀娟在本书中以《做实做深校本研修，推动本土教师专业化发展》为题，呈现了良乡第二中学通过校本研修促进教师发展的探索与实践。学校着眼教育的高质量发展，通过加强教研组建设、拓展校本研修渠道、加强教师培训、交流互促共同发展等方式和途径促进教师专业发展，取得了一系列的研修成果，并在区域内起到了积极的示范引领作用。

四、技术赋能教学

信息技术的快速发展和广泛应用，不仅改变了人们的生活方式和工作方式，也对学校教育产生了深刻变革；既丰富了教育资源，提供了更现代化的教学方式，也提高了教育教学效率，让课程教学变得更加丰富、高效和有趣。信息技术赋能课堂教学，能够提高课堂教学有效性，更好地培养学生的核心素养。

《信息技术深度融入教与学的实践与探索》一文阐述了在实现信息技术与课堂教学深度融合的探索中，北京市房山区良乡第二中学借助区域项目建设和学校课题研究，在数据分析、学习诊断、在线教研、智能平台、学习工具、双师课堂建设等方面进行了深入的探索和实践，努力为学生构建个性化学习环境、提供适应性的学习工具，以靶标式的推送来满足学生的个性化需求，构建适合学生发展的学习体系，从而促进课堂教学质量的再提升和教师专业能力的再发展。

学校建构课程，又被课程所建构。核心素养视角下的学校课程，需要一体化思考课程目标、课程内容、课程实施、课程评价，抓住核心要素，用课程建设行动落实课程培养目标，促进学生全面而有个性的成长，也实现学校特色而有品质的发展。学校因课程而改变，课程因学校而丰富。

学校课程建设的困境与实践突围①

高质量教育需要高质量的课程体系建设，高质量课程体系建设的价值诉求是在牢牢把握社会主义办学方向的基础上，扎根中国大地，建设以人民为中心的课程体系，落实立德树人根本任务，培养德智体美劳全面发展的社会主义建设者和接班人，办好人民满意的教育。这是新时代基础教育课程改革的时代使命，也是学校建设面向2035高质量课程体系的时代命题。

进入新时代，统筹城乡一体化、推进农村地区义务教育优质均衡发展成为基础教育的“必答题”。在义务教育优质均衡发展和城乡一体化的时代背景下，葫芦垡中学挂牌成为北京市第三十五中学房山分校，依据国家宏观教育政策，学校加强课程建设，落实立德树人根本任务，从满足学生的多层次需求出发，积极构建立足学校现状、适合学生身心发展的多元课程体系，不断健全管理机制，力求达到课程成就教师、课程促进学生全面发展和个性发展、课程推进学校特色建设的目标。

一、课程建设困境：关键要素缺失

北京市房山区葫芦垡中学始建于1969年，是房山区一所乡属农村初级中学。学校地处房山区长阳镇南部，北距西南六环长阳出口200米，东距京深路100米，环境优美，交通便利。学校占地面积43亩，建筑面积11000平方米，学校按照标准建立了物理、化学和生物实验室，配备录课室以及音乐、形体、美术、书法、计算机等各类专用教室，有标准

① 本文作者系北京市房山区葫芦垡中学党支部书记、校长段文海，副校长李雪生，教学主任任万杰。

的300米环形塑胶体育场和能容纳400余人的多功能厅，各种现代化教育教学设施齐全，完全能够保证教学所用，为办学质量的提升奠定了良好的物质基础。学校基本情况分析如表4-1所示。

表4-1　学校课程建设基本情况SWOT分析

项目	S（优势）	W（劣势）	O（机会）	T（挑战）
办学条件	1. 完成了城乡一体化建设，教学设施设备为课程实施提供硬件保障 2. 育人环境优美，人文氛围浓厚，校园文化特点突出，有利于发挥隐性课程育人作用	1. 义务教育“农村弱”特点突出，课程内涵建设有瓶颈 2. 办学特色不够明显	1. 政策利好，城乡一体化、房山区课程领导力提升工程 2. 义务教育新课程实施，农村资源具有独特性	1. 周围同级农村优质资源共享力度有限，流动性有待提升 2. 构建适合校情、学情的学科课程体系，助力教学质量提升
教师状况	1. 学历达标，专业较强，团结敬业，乐于奉献 2. 青年教师成长迅速，区级骨干教师、高级教师人数较多	1. 年龄偏大，新课程方案实施有抵触 2. 多为经验型，教科研意识影响课程实施	1. 全员轮岗政策吸纳经验、激发内生 2. 具备农村教师荣誉制度，激发专业发展 3. 新课程、新教材促使全员培训	教研组活动开展难度大、效果不佳，关于课程建设校本研修实现难度较大
家长状况	1. 新农村建设，家长职业类型广泛，课程资源丰富 2. 态度积极，配合学校工作，开发适宜课程的概率较高	1. 多为初中文化，综合素质不高，主动开发课程难度大 2. 较少关注子女全面发展，影响德智体美劳课程全面开发	1. 家长对高质量教育的期望逐年增高 2. 不同的从业群体带来不同资源	如何在课程实施当中关注单亲家庭、隔代监管等情况，对课程建设提出了挑战

续表

项目	S（优势）	W（劣势）	O（机会）	T（挑战）
生源状况	1. 朴实、善良，纪律性强；在课程实施过程中配合度较高 2. 爱好广泛，喜欢钻研，为课程开发提供可能	1. 被动学习，学习习惯和方法陈旧，知识面窄，不利于课程生成 2. 学习动力不足，缺乏吃苦耐劳的精神，课程吸收困难	1. 学生人数增长，保证了课程开发门类 2. 义务教育均衡发展政策保证了生源结构，有利于各类课程的开发	1. 学生之间差异明显，课程实施使学生全面发展受到挑战 2. 来自学生的课程资源开发有很大局限性
课程基础	1. 开齐开足国家课程，顶层设计到位 2. 学校文化理念得到师生认同 3. 区域课程资源丰富，为学校宜农课程建设提供助力	1. 现有课程与学生的实际需求尚存在矛盾 2. 国家课程校本化实施力度不够 3. 课程丰富性不足	1. 房山区课程领导力工程为课程规划、实施提供充足动力 2. “深综改”为课程建设提供了契机 3. 国家购买服务为课后优质服务课程提供保障	1. 学科核心素养落地水平不高，教师课程意识不强 2. 现有的校本课程做成精品，增强适宜性受到挑战

学校硬件设施处于充足适用状态，但通过 SWOT 分析法，可以发现学校在课程建设中还存在严重内部环境、外部环境挑战，以及师资力量欠缺、生源状况不利、课程基础薄弱等不利现实。任何时候，人都是事业发展的核心要素。大部分教师课程观念陈旧，在课程建设价值取向上往往依赖延长课时，应该三节课完成的内容，常常拖延到五节课，甚至学生的 10 分钟课间都会被挤占。这种形式也许有立竿见影的功效，但劳动强度的恶性透支会使人疲于应付，没有幸福感的课堂，谁又有暇顾及什么课标的细化与落位，纲要的编制与优化？“减负”的本意是将人从

繁重的劳动中解放出来，而在“延长劳动时间”思想的指导下去追求质量的提高，无异于舍本求末。一旦这种“劳动密集型”的课程观在学校普及，“技术密集型”的课程观必将遭遇冷落甚至围剿。课程建设要么束之高阁，要么就会泛滥成灾。

二、课程建设突围：实现课程育人的葫中实践

（一）确立课程目标

1. 课程培养目标

国家完善了义务教育阶段的培养目标，结合义务教育的性质及课程定位，从有理想、有本领、有担当三个方面，明确义务教育阶段时代新人培养的具体要求，进而富有新时代特点地培养德智体美劳全面发展的社会主义建设者和接班人。依据课程标准和葫芦堡中学的文化，学校制定了培养“志成”学子的课程育人目标，即志存高远、自信阳光、真诚友善、乐学善思、个性绽放。

2. 课程学段目标

对照“三有”标准，学校对学段课程目标进行了设计，如表 4–2 所示。

表4-2　葫芦垡中学课程学段目标一览表

育人目标 \ 学段目标		课程育人的学段目标		
		初一年级	初二年级	初三年级
培养志存高远、自信阳光、真诚友善、乐学善思、个性绽放、志成学子	有志向能担当	树立远大的志向，有家国情怀，对自己要求严格	深入理解人生目标含义，有正义感和责任心，有担当意识，有强烈家国情怀，乐于助人	对学业发展和生涯规划有思考、有目标并为之努力，有强烈的国家复兴责任意识，有社会责任感
	有自信能致远	积极参加文体活动，爱家乡、爱国，爱中华民族的传统文化	积极参加学校组织的实践活动，有强烈民族认同感和自豪感	积极参加校内外举行的各种活动，坚定文化自信，为实现自己的远大理想而奋斗
	有礼仪能合作	讲文明、懂礼貌，能和同学友好相处，敢于发表自己的见解，善于倾听	掌握与人交往的基本礼仪，有一定的自控能力，学会与人沟通，学会换位思考	形成较好地与人交往的能力，有感恩之心，有良好表达能力，能够主动提高自己的社会适应能力
	有智慧能创新	端正学习态度，养成良好学习习惯、思维习惯，能够掌握正确的学习方法	学会学习，勤于思考，肯于钻研，提高动手实践能力	有科学精神和探究意识，具有终身学习、主动发展的意识和能力，能够主动成为社会所需的创新型人才

（二）课程结构

为达成“培养志存高远、自信阳光、真诚友善、乐学善思、个性绽放的初中‘志成’学子”的育人目标，学校带领干部教师通过对课程的编制与规划建构了如图 4-1 所示的课程体系结构图。

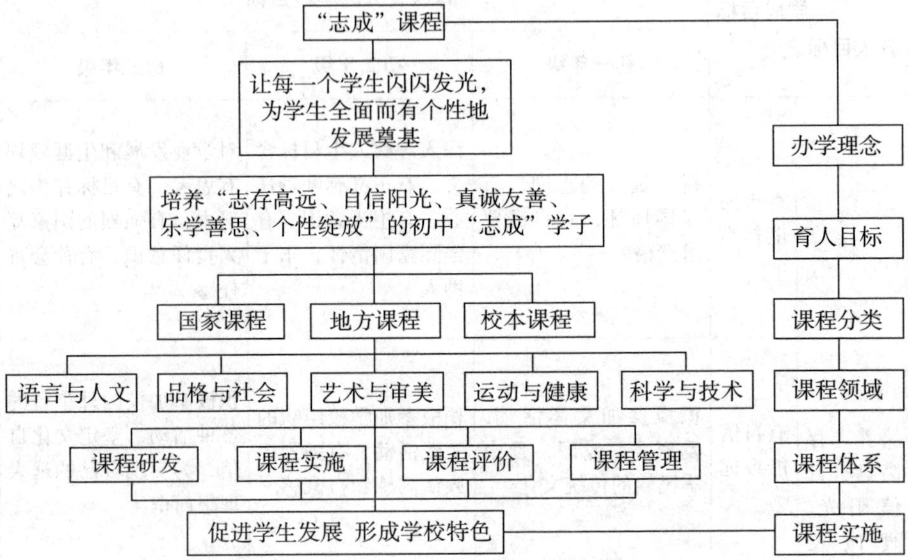

图 4-1 葫芦堡中学"志成"课程体系结构图

（三）课程内容

在国家课程、地方课程和校本课程这三类课程中，国家课程占据绝对的主要地位，是全体学生的必修课。教师要以学科基础课程为主阵地，落实国家课程的基本内容、结构、课时，基于课程标准实施教学，保证学生基础学力的养成；教师要结合学生实际情况实施差异化教学，夯实学生基础，全面培养学生的基本素质，按照新课程标准，必须保证国家课程开齐、开足、开好。地方课程也属于必修课，旨在让学生知党爱党、知史爱国，了解家乡、热爱家乡。校本课程是学校根据学生实际情况自主开设的课程，能够体现学校的办学理念、学生的特别需要和本校的资源优势，突出多样性、趣味性和可选择性，充分照顾学生的个体差异，弥补学生的明显短板，拓宽学生视野，促进其个性发展。

（四）课程实施

初中课程是小学课程的发展，是义务教育的总结，同时也是高中教育的衔接，是一个学生发展的独特阶段。因此，教师要在课程建设上形成闭环，在课程实施过程中做好课程衔接工作。葫芦垡中学整个初中学段的课程实施安排是：初一入学始业课程、过程中整合实施课程、跨学科实践课程、毕业年级终业课程。这一安排从五个维度引领落位，一是政治领导，强化“立德树人”“五育并举”，保证按照“三有”目标，培养全面发展的社会主义建设者和接班人；二是行政领导，强调建章立制，强化各项制度和措施的常态化实施；三是业务领导，加强检查、督促和反馈，引领教师在实践中落位，指向学科核心素养的课程建设；四是人事领导，根据教师的能力水平差异，人岗匹配，有效提升教师课程领导力；五是文化领导，以学校文化作为引领，激发师生的内驱力，实现课程的有效实施。

1. 国家课程的实施

国家课程校本化实施就是在坚持国家课程原则的前提下，学校根据自身性质、特点和条件，将国家层面上规划和设计的面向所有学生的书面学习经验转变为适合本校学生实践学习经验的创造性实践，包括教材的校本化处理、学校本位的课程整合、教学方法的综合运用和个性化加工，以及差异性的学生评价等多样化的行动策略。

（1）多举措改进。这一点可以从以下六个方面体现出来。

第一，基于课标编制学科课程实施纲要。全体教师要注重培养学生的学科核心素养，结合学校育人目标和学生实际，形成落实要求、契合实际、系统有序的课程纲要，以此作为课程实施的起点和终点，实现教学评价的一致性。

第二，基于国家课程校本化改进课堂教学。各学科教师要根据学生的认知特点和学段特点对教材内容进行有效整合，让学生置身开放、多元的学习环境中，培养学生的学习兴趣和学习习惯。

第三，基于自主学习课堂扎实推进学科育人。学校要确立自主学习课堂方式，并以优化教学流程为抓手，坚守课堂底线与标准，减少课堂教学的盲目性，强化课标解读和目标制定；减少课堂的随意性，严抓课前备课和课堂管理；提升课堂教学的有效性，突出学情诊断和学习检测；聚焦课堂效益，持续深入推进基于大数据应用的听评课活动，不断完善学校课堂质量监测机制和课堂评价标准。

第四，开展作业改革。教师要在时间上尝试以短、中、长期的作业，在内容上开展分层分类设计，在形式上实施探究性、合作性作业，在评价上强化过程性跟踪评价和终结性等级评价的统一。

第五，充分利用现代化教学手段开展有效教学，提升课堂教学质量。随着科技的进步，现代化教学手段被越来越多的教师和学生接受，葫芦垡中学开展了基于大数据的课堂教学研究，利用智慧学伴、好双师、学助力等智慧教育平台改革传统的教学方式和作业方式。现代化教育手段的应用，提高了学生的学习兴趣，增强了学生的探究意识，节省了时间，加快了课堂教学节奏，提升了课堂效率。同时，基于大数据的分析和评价，更有助于教师发现教学中的问题和不足，使教学更有目的性、针对性、实效性。

第六，抓好课后服务。课后服务要纳入课程建设，其在国家课程校本化实施中有着重要作用。课后服务是依据学生的兴趣特长，创造条件、搭建平台，促进学生生动活泼地发展的有效阵地。

（2）强管理实施。在国家课程校本化实施过程中，最重要的是抓好课堂建设。国家课程由国务院教育行政部门组织开发、设置，所有学生必须按规定修习。课堂教学是国家课程落实的主阵地，是最重要的一个环节，也是课程领导力的重要体现。

在“双减”背景下，如何开展课堂教学，让必修的国家课程取得最佳效果呢？葫芦垡中学提出了“提高课堂效率，提升教学质量”的主张，核心是让学生动起来，建设高效课堂。具体做法主要有以下九点。

第一，增强观念，提高认识，统一思想。学校要深入持续开展对义务教育新课程方案、新课标、国家相关政策要求等内容的学习和研讨，邀请专家、相关研究者进行逐字逐句的解读，开展全员大讨论。同时，结合区教师进修学校开展的新课标考核进行强化。

第二，实行“三三制”的闭环工作方式。葫芦垡中学重点抓了三个闭环，即从学期初制订计划开始到期末总结结束大闭环，以期中为界限的阶段性闭环和每节课从备课到反思的小闭环；开好三个重要教学会议，即期初、期中、期末的教师会、学生会、家长会，及时对课堂教学进行总结反思，不断改进，不断提升；强调课堂教学的三个环节，即备课、课堂学习、课后作业；做好三个课，即基本功课、示范课、研究课。

第三，加强备课的管理。备课标、备教材、备学生、备方法，不上无准备的课，定期检查和随时抽查教案。

第四，强化课堂常规。教师要杜绝课堂教学的随意性，提倡根据课时内容开展多种形式的课堂教学活动，突出学生的主体作用，通过“小组合作”，以及一对一、一对二的“师带徒”形式，把“独学”“对学”“群学”有效整合，让学生动起来，突出学生们的参与感、获得感、成就感。同时，开展基于学生差异化课堂教学的研究，最大限度地满足学生的需要。

第五，加强教研科研活动。葫芦垡中学办学规模较小，教师数量少，同年级、同学科教科研活动难以开展。因此，学校以教研组为单位开展了大教研活动，即跨年级同学科教研、同年级跨学科教研，相互借鉴、取长补短，也体现了义务教育课程方案提出的整合融通，取得了良好的效果。

第六，结合义务教育新课程方案、新课标以及学校特点广泛开展听评课。借助区教师进修学校开展的“乐业杯”“敬业杯”等教学基本功大赛活动，开展区级公开课、校内公开课、教研组内公开课三级公开课听评课活动。实行干部听课制度，每周一第二节课，全体干部深入课堂听课。同时，打破年级组界限，实施“双师课堂”开展全员大比武活动，同学科老师跨年级进行双师授课，弥补了教师少的不足，有效整合了优秀师资，增强了教师的责任感，也让同学们有了更多的参与感、获得感、成就感。

第七，在原有评价基础上，进一步强化学生评教、家长评教。学校要通过开展“家长开放日”等活动，让家长深入课堂，感受教师的工作，深刻体会“双减”政策要求，了解学生学习状态，促进教师发展。

第八，注重闭环管理，加强总结和反思，发现问题随时解决，并及时反馈。

第九，实行教研组、年级组、学校三级检查督促制度，定期和随时相结合，检查计划的落实、教案的撰写、课堂常规的实施等。注重落实、注重反馈、注重整改。

2. 地方课程整合实施

采取灵活多样的形式有效保障地方课程的实施，利用专题教育、开放性综合实践活动和国家课程整合融通，结合语文学科、历史学科、地理学科等开展“海量阅读”活动，具体分为三个阶段。

第一阶段为起始阶段（初一年级），主要结合语文学科开展经典阅读，由教师指定篇目范围，学生选择阅读。这个阶段采用教师指导和学生阅读相结合，以中国古今经典名著为主，目的在于掌握阅读方法、培养阅读习惯、学会分析和理解，同时使学生通过对经典作品的阅读陶冶情操，树立民族自信、文化自信等。第二阶段为中期阶段（初二年级），学生的阅读篇目扩展为中外经典阅读篇目和地理、历史及其他社会科学类篇目，目的在于让学生巩固阅读方法，加深对阅读篇目内容的理解，通过对比阅读，增强他们的文化自信和民族自信。第三阶段为自由阅读阶段（初三年级），不限内容，不限题材，不限种类，通过海量阅读，激发学生的阅读兴趣，激发学生的探索欲、求知欲，以及他们强烈的民族自豪感和自信心。

措施和办法大体分为六步。第一步，形成阅读体会，优秀读后感或体会，定期进行表彰和展示；第二步，制作或收集相关视频，向他人推荐；第三步，制作 PPT 进行分享交流；第四步，制作手抄报，绘制人物画像，给作品绘制插图，优秀的制作成集；第五步，开展阅读竞赛、阅读辩论赛等活动；第六步，总结表彰，树立典型，形成引领效应。

3. 校本课程特色实施

校本课程的开设主要依据“立德树人”根本任务和国家的相关政策、学校的办学理念和育人目标，在落实立德树人根本任务的基础上坚持“五育”并举，在课程方面增加学生选择学习的机会，满足学生持续发展、个性发展的需要，充分调动学生的积极性，促使学生形成健全的人格，促进学生健康全面地成长。

学校成立“少年农科院”，设置了“农耕课程”，专门开辟了农耕园，让学生经历耕种、养护和收获的全过程；不断挖掘校内资源，丰富劳动教育课程的内容，如将校内近百个花坛全部分配给班级，由各班自行选择种植花卉的种类，种植、养护责任到人，同时设计制作说明牌（样式和材质自行设计选择，内容包括花卉的名称、传说、寓意、生长习性等），用照片和观察日记来记录花卉的成长情况，用绘画、文章和歌曲等形式表达喜爱之情，让学生在种花过程中获得多学科的知识，受到更多方面的教育。

“志成讲堂”也是学校的一门校本课程，由于学生学习目标不明确和获取知识的途径少，学校定期举办“志成讲堂”，请校内外人士担任主讲人，内容涉及不同领域，旨在帮助学生立下人生志向，拓宽视野，激发学习动力，培养奋斗精神，做好人生规划。

三、课程实施效果：教育利益相关者的美美与共

（一）学生全面而有个性的发展需求得到满足

学校在开发课程的过程中，充分尊重了学生的差异性特点，满足了学生的个性化需求，尊重了学生的兴趣与经验，在确定课程目标和课程内容上也更具有针对性和实践性。校本课程的实施能够实现育人功能的最大化，同时优化学校的课程结构，加强学科整合与合理组织，让学生根据自己的需要进行选择，实现自由、充分、全面发展。在校本课程的实施过程中，学生的个性得到了充分张扬和发展，兴趣爱好广泛了，动手能力强了，学习力提高了，知识面拓宽了，运用知识的能力也提升了。

（二）教师综合素质得到提升

1. 提高了教师的课程开发能力

课程的开发给学校和教师提供了一个自由发展的机会和空间，教师成为课程的开发者、设计者、研究者和反思者。在课程开发过程中，教师要根据学生的实际情况创造性地组织课程内容，始终关注学生、教学内容和学校的办学理念，改革教学方式和学生的学习方式，使自身理论联系实际的能力和科研能力得到提高。

2. 提高了教师的科研能力

在课程开发的过程中，学校以新课程为导向，以教师为研究主体，以学校面临的问题为研究对象，开展了形式多样的校本教研活动。教师在认真进行行动研究的过程中，科研能力得到了很大提升，撰写了一系列关于课程开发的研究论文。

3. 促进了教师的专业发展

作为课程开发的主体，教师自身的课程意识和专业知识将直接影响校本课程开发的质量。在校本课程建设过程中，葫芦垡中学教师认真地

学习新的课程标准，阅读了大量的相关资料，准确地理解了课程方案要达到的课程目标的含义和课程设计中所蕴含的对课程要素一致性的内在要求，自觉地站在更高的层面思考教学，站在课程编制者的角度组织和实施教学，促进了知识的整合，提升了自身的专业水准。

（三）学校特色得到发展

课程是学校特色的生长点，也是加速学校特色生成的有效手段。葫芦垡中学在课程建设中，结合自身实际，始终关注学生的差异和兴趣，以满足学生学习活动的多样化需求，促进学生身心全面而有个性地发展，不断探索特色学校建设的实施路径，逐步形成了具有本校特色的课程体系。同时，葫芦垡中学把学科教学的理念充分体现在课程建设中，建立了一支具有课程开发能力和实施能力的教师队伍。在某一学期的课程评价中，学校课程建设获得了市区专家、领导好评，被评为北京市课程建设先进校。

加强课程建设不仅能够提升学校的文化内涵，更好地诠释办学理念，形成学校办学特色，而且能够促进教师专业发展，最终促进学生健康全面地发展。课程开发是一个持续、动态的过程，是一个逐步完善的过程，需要学校和教师持续地去探索、实践、反思、完善和提升，葫芦垡中学会朝着培育“有理想、有本领、有担当”的社会主义建设者和接班人这个目标而持续努力。

推动学校整体变革，培育新时代乡村少年①

石窝中学地处北京乡村，有相对较好的文化背景，镇域发展较好，民风民俗有传承，有底蕴。学校在办学中积极构建协同育人网络，挖掘区域教育资源，通过小手拉大手带动区域政府、村落社区对教育的关注，补齐美丽乡村建设的教育短板。

一、构建“卓实”课程体系

从教育现实来看，无论是落实立德树人根本任务还是发展素质教育，学校始终要将学生置于核心地位。学生的发展是学校进行一切实践探索的中心，保证学生在教育高质量发展中的主体性，应当成为统一的价值认同。为此，石窝中学积极开展“卓实”课程体系建设，以课程为载体开展育人工作。

“卓实”课程总体上是为培养“有理想、有本领、有担当，德智体美劳全面发展的社会主义建设者和接班人”服务的。以“有担当”为例，其要求学生保持奋斗进取的精神状态，坚毅勇敢，自信自强，勤劳节俭；具有社会主义民主观念与法治意识，诚实守信，明辨是非，遵纪守法；具有集体主义精神，积极为社会做力所能及的贡献；孝亲敬长，团结友爱，热心公益；树立公共卫生意识与生态文明观念，热爱自然，保护环境，爱护动物，珍爱生命；尊重和理解文化的多样性，关心时事，热爱和平；等等。

整合融通后的学校“卓实”课程共分三层五类。基础课程主要包括国家课程 13 个学科，强调严格执行课程计划，认真落实课程标准，基于

① 本文作者系北京市房山区石窝中学教学主任隗秋利。

学情做到校本化实施。拓展课程主要包括国家课程中的选修模块和学科延展类课程，基于学业要求和学生兴趣由教师专业开发，课程目标是拓宽学生知识的广度，开阔学生视野；注重知识的深度落实，培养学生思维能力。拓展课程，一是学科拓展和跨学科的拓展，本着资源课程化和课程资源化，让学生所学的知识与生活经验进行有效的关联，让学生感到知识不仅有用，而且有趣和好玩；二是突出兴趣、方法、习惯和思维的培养；三是强调技能、意志品质和审美品位的培养，使学生掌握 1 ～ 2 门终身受益的技能，让学生爱上学校、爱上生活。探究课程面向个别学生，主要包括基于学生个性发展的高端研究类课程，以及学生自主选择、深度参与的研究性学习。

二、推动课堂教学变革

推动教育高质量发展，关键在于对学生学习，特别是学习方式的变革，这不仅是学习方法单一条件的改变，还包含课程、教师、文化、制度等的系统改变。

（一）深化“3+3+1”教学模式

“导学”是指引入新课、解读目标。“读学”包含独学的含义，也称“独学环节”。“读”是能力，绝对不是形式，读得怎样要看结果。“读学”贯穿整个学习过程，可分为以下三方面：一是自学过程中的“读学”，二是研学过程中的“读学”，三是展学过程中的“读学”。“研学”是指提高研学的实效性，实现“兵教兵，兵练兵，兵强兵”。同学分享相互的学习成果，也称“交流”环节，总体形式分为“对子组—A、B 组—小组”，呈现形式为交流、讨论、探究，讲解、帮扶、互评，互测、互记等。“展学”是指展示者面向全体，即教师在黑板上讲解时要用教棍，在投影展示时要用笔等必要的辅助讲具，也称“展示”环节。展示者准备要充分，对展示内容要熟知，教师要鼓励学生进行拓展性展示，不做无效展示，学生展示时要把展示内容组织成展讲语，展示时尽量脱稿或半脱稿，切忌照念答案。“检学”即“巩固、检测”环节。

第一个“3”即三案：预学案、导学案、检学案。预学案用于学生课前预习，在预习过程中，学校将“翻转课堂”的理念应用到预习当中——教师尝试录制微视频，学生观看微视频进行预习。导学案用于课堂，教师要使用导学案引领学生掌握本节课知识脉络，使学生夯实基础知识，导学案在配合三环节教学中起到重要作用。检学案是与预学案同时产生的，主要是完成当堂训练，通过检学结果，教师随时调整教学进度。第二个“3”即三环节：课堂中研学、展学和检学。由于新课程改革简化了教学环节，使得教师在课上有更多的时间让学生进行展示交流。“1”即一条主线：基于信息化、智能化的减负提质。

“3+3+1”教学模式进一步让老师的观念发生了变化，使他们把课堂还给学生，厘清讲与不讲的关系，精细管理教学中的每一个环节。课堂教学变革的本质是要求老师注重教学细节，回归教育本真，扎实做好备课、留作业、批改作业等基础性工作，利用现代化的教学手段培养学生学习、预习的习惯，激发学生的学习兴趣。

（二）开展探究性学习，创建高效课堂

高效课堂一直是学校追求的最高境界。所谓高效，一是指课堂效率高，即达成度高，知识掌握扎实，课堂检测分数高；二是指课堂效益高，即发展度大，学生兴趣浓，能力提升快；三是指课堂效果高，即满意度好，形势与内容、过程与结果和谐统一。实现高效课堂关键取决于教师的教学行为，教师要通过各种手段，让学生在每一个教学环节都积极参与，如展示、质疑、探究、合作、管理及评价。石窝中学在教学管理中，积极引导教师转变思想观念与角色，让学生真正成为课堂的主人。

探究性学习是在发现问题和解决问题的过程中发生的，需要在宽松的环境进行。学生通过思考解决问题的方法，带着问题进行经验的分享

交流，可以激发合作的学习意识和能力。探究性学习的目的是让每个学生都有机会参与课堂互动，支持、鼓励他们大胆提出问题，发表不同的意见，在聆听别人见解的过程中，学会尊重他人，学会分享、展示，使他们成为学习的主人。

基于“双减”政策的各学科核心素养的培养，应注重设计有利于学生主动参与、乐于探究、勤于动手的学习方式，在课堂教学中创新运用小组合作探究式学习，通过组内竞争、组间比拼的方式培养学生收集处理信息、自主探究、分析和解决问题的能力以及交流、合作的能力。教师要在教学中有意识地给学生留下一定的知识空白和课前任务，将一些简单的问题交给学生，让他们利用小组合作的方式，课前收集资料，课中讨论探究进行解决。学生在思考、解决问题时如能以团队合作的形式进行，过程中必能实现学科知识、学习经验和心得的高效交流，这对培养学生学科核心素养，提高他们的思维能力、探究能力、表达能力都很有帮助，进而促使课堂教学效率不断提升，达到增效减负的目的。

（三）建设学生小组，加强同伴协同共进

减负旨在提质，而提质的关键在课堂。一是在课堂上营造合作文化。在实施过程中，老师依据“组内异质、组间同质”的分组原则，尽量考虑小组成员的多样性，乃至社会家庭背景等方面的差异，组成若干个合作学习小组；每个小组的人数要依据学生年龄、学习任务难易程度以及训练要求综合考虑。建立以组长、学科为基本运行纽带的组织，各司其职，共同努力，让学生学会像老师一样讲课和思考。二是培养合作技能。小组从组建到发展成熟，教师不仅要告诉学生应该注意合作，而且还要指导和训练学生如何合作，使学生逐渐掌握相关的合作技能。三是日清月结。对于课堂上学习不好或对一些知识点不太懂的学生，教师要利用课间或每天下午的辅导时间，让学生通过小组成员合作或一对一的形式交流解决困惑问题，实现小困惑不过夜、不大不小问题不隔周、大难题

不隔月的目标。四是积分管理。教师可以在班级设立共同进步奖和个人贡献奖。教师通过规则或民主协商的方式对各个学习小组的课堂表现用积分的形式进行考量，或通过表扬、表彰等形式加以鼓励，还可以根据进步等级进行适当加分。小组学习协同育人具有很强的机动性，避免了时间上、指令上的掣肘，从个体的等靠要到集体的主动帮扶产生了质的飞跃。

三、有效开展校本教研

（一）开展班级教研，加强学科协调

班级教研有助于教师聚焦学生的学习，增强学科组教研的针对性，其反映的是教师对班级孩子学习基础、认知风格、学习方法和学习障碍等个性化的思考，因而也更符合学生的学习特点。为此，石窝中学积极建立协同机制，每周固定时间和地点，确立专题；对班级一周学习的真实问题开展研究；跨学科开展研究，做好协同育人；分层教学，一生一案，让学生经历菜单式学习；建立以班主任为核心的健全而完善的管理机制，为班级教研提供有效保障。

（二）加强网络教研，增进交流互通

当今世界已经进入互通互联的网络时代。从信息化到智能化，网络教育具有不受时间空间限制、资源量大、选择性强的特点，非常适合基于以项目为特征的团队合作学习。基于此，石窝中学利用网络开展对小组合作学习的数据测评，利用网络实现教研员、校际名师的同步教研，利用网络尝试开展线上与线下结合的复合式学习。通过网络教研，使教师实现互联互通，让减负提质的信息渠道更通畅。

四、有效推进家校社协同

（一）家校的协同是减负提质的重点

家长既是不可或缺的教育资源，也是教师忠实的合作伙伴。石窝中学在家校协同方面不仅让教师认真做好家访、畅通日常沟通的渠道，成立家长委员会，还督促教师在“四个主动”上下功夫：一是主动建立有效的联系机制，二是主动确立协同一致的育人目标，三是主动发现学生成长中的问题，四是主动找出问题解决的途径和办法。通过家校协同形成育人合力，强大育人实力。家长委员会参与学校教育教学，抓住一镇一状元、一村一讲师、一班一助教、一组一师傅、一生一优题的“五个一”奖励平台，形成优质的成长共同体。

（二）校村协同是减负提质的保障

石窝中学所在地石窝地区以出产、雕刻汉白玉而闻名，因此也积淀了尊重知识、尊重文化的乡村文明。自新课程改革以来，构建以学校为主导的村校协同育人共同体非常必要。为此，石窝中学积极继承和弘扬本地文化传统，主动引领乡村文明进程，形成从校长到村主任、从村主任到家长，从师长到学长，从街头巷尾到家庭的良好育人环境，主要做法主要有以下五点。一是建立闭环教育机制。从职能到赋能，拉动区域领导关心家长、家长关心学生、学生回应社会的闭环教育机制，让村委会成为关心、支持教育的合作伙伴。二是建立小组互助机制。以自然村为单位构建学习小组，由家住本村的教师具体负责，村委会责成专人做好协同，组成跨年级的学习研究共同体，重点解决与学科实践和综合实践相关的学习课题。三是建立评价反馈机制。学校做好协调、反馈和评价，及时对学生以村为单位的学习实践进行总结和表彰，评选最美村主任、最美家长、最美师长、最美学长、最美组长，对做得好的村和家庭给予挂牌鼓励。四是建立民主管理机制。吸收热情主动、能力水平高的村主任和家长成为学校民主管理的核心成员，使他们广泛参与学校管理，为学校的发展积极献言献策。五是建立教师承包机制。绘制学生家庭联络地图，把学生装进老师心里。

做实做深校本研修，推动本土教师专业化发展[①]

随着新课程改革的不断深入以及“双减”工作的持续落位，对于教育高质量发展的呼唤成为目前学校发展的核心。

经过多年的积淀与发展，北京市房山区良乡第二中学形成了一支传承优秀、不怕吃苦、敢打硬仗、善于合作的教师团队，这些教师在学校发展、区域内学科建设方面做出了卓越的贡献。但是，随着课程改革的深入、中高考改革的落地和教育大背景的变化，很多曾经的优秀教师进入发展的瓶颈。借助校本研修全面提升教师专业水平，激活教师内在发展潜力，成为良乡二中实现高质量发展的重要前提。

一、加强教研组建设，筑牢教师成长基石

一名教师的发展不仅仅需要其个人的专业基础、个人愿望和教育素养，更有赖于他成长的土壤。一名教师永远不是在独自作战，教育的协同时刻体现在教师的发展与成长过程中。其中，教研组的建设就起到了至关重要的作用。

基于教研组在教学实践中的指导和培养功能，学校重点把教研组建设作为推动教师队伍建设的基石，通过制度引领、管理协同、活动助力等多种工作方式，让教研组成为教师专业成长的摇篮。

（一）完善教研制度建设

加强管理是落实校本研修的基本保证，学校教学管理部门持续落实集体备课制度，开展有效的主题教研活动。例如，每周主题教研上报制

① 本文作者系北京市房山区良乡第二中学原教学副校长、现四〇一学校校长冯秀娟。

度、教研组长定期例会制度、教研组工作学期汇报制度、教研组长定期交流制度等。学校教师要通过规律的例会、交流、分享，让教研成为一泉流动的活水，时时更新，事事创新。每学期开学前，学校教学处组织全校教师统一培训一周，各教研组针对本学科的学科建设、课堂教学等核心问题进行整体规划，做好教师校本研修课时安排。此外，学校每周还会结合培训目标，设计不同人员、不同内容的研修、培训项目。例如，每周一下午 4 点 30 分是教师大讲堂时间，教师可以在这一时间进行各类专业培训和教学展示。其他时间，各教研组固定两次进行专业学习、研讨和学科培训，以自主研修、教研组主题教研、专家讲座、名师引领、课例分析、课题研究、说课展示、校级观摩、教师行思论坛、青年教师座谈会、教学技能大赛等方式进行。

学校还针对教研组长工作职责方面出台了《良乡二中教研组长工作职责规范与说明》，在教研管理、学科建设、教学检查、集体备课等涉及教育教学基本的事务性工作的统筹与安排上做出了责任与权限的界定。同时，为了保持教研组发展的动力和活力，学校制定了包括教师专业成长评估、教研活动评估、考核评价奖励及教师研修管理等 20 多项方案与制度，保障教师有时间和精力投入教学研究，不断提高专业素养和水平。

（二）加强教研过程管理

学校只有做实问题导向、加强过程管理，才会实现教研组的研究主体作用和促进教师发展的服务功能。

学校执行一周一次的教研组长例会制度，进行各类学习、交流与培训。学期初，教研组长要对本组教学计划、假期作业、上学期问题与经验梳理等方面进行交流和分享。基于教研组的交流、问题汇总，提出本学期的发展要求和发展目标。学期中，教务处要结合学校总体规划、阶段性的工作要求、近期的课堂教学实际问题，以及学生家长反馈的意见和建议等内容，进行有针对性的安排。学期末，教研组要对本学期的研修成果进行展示，针对课堂改进、项目研究、学科建设、作业设计等关键问题进行全面汇报，对研究成果和教学改进经验进行校内推广，实现校本研修的完整性。

在教研组建设和管理过程中，科学规范的评价是推动教研优质发展的重要手段。结合学校学科建设的总体要求，针对教研活动开展、教研成果取得、教学成绩等维度进行量化评比，成为每一年度教研组考核的重要指标。在考核机制的推动下，部分优秀教研组脱颖而出，成为学校学科建设与优质发展的“领头雁”。

二、拓展校本研修渠道，助力教师全面发展

（一）依托课堂建设，锤炼教师基本功

课堂是教育教学的主渠道，课堂教学只有做实、做细、做久、做新，才能突出教育实效，提高教育质量。良乡二中严格落实市区关于课堂常规管理的制度要求，制定了《良乡二中课堂管理规范》，从制度规范课堂，从活力激发研究课堂，从质量保证设计课堂，从效果诊断评价课堂。

1. 开展活动研究课堂

学校通过开学初的集体备课展示活动，每周的课堂教学公开课、校内示范课、复习研讨课、学校干部推门课等方式，及时掌握教师课堂教学情况，针对发现的问题及时处理，采取有效措施，使课堂教学有序开展。特别在深入落实“双减”规定进程中，良乡二中在加大课堂建设方面做了更多努力。学校把常态化的组内听评课作为教师整体评价考核的重要部分，充分利用双师教室的优势，开展专题研究课，组织教研组跨学科听课，积极推进教学一线的各类改进型研究。

2. 集体备课准备课堂

学校严格规范集体备课各个环节，落实每周的主题教研和集体备课，研究课堂教学目标、教学环节、教学方式、教学评价、课后作业以及多

样态的个性化辅导等相关内容，切实让研究成为教研组发展和教师成长的基本保证。学校实行由分到合、由合到分的三级备课制度，集体备课必须经过从独立备课到集体研讨再到独自完善的过程。按照学校备课管理制度，每月对教师教学案进行检测、评价，检查结果与教师考核挂钩，切实提升集体备课的实效性。为了统筹教研活动的开展，学校实行教研任务隔周上报制度，每周的教学计划、作业设计、主题教研活动，以年级组为单位，统筹汇总上报教务处。学校年级管理工作小组按照各教研组上报内容，进行下一周教学工作的检查。

3. 研究评价检测课堂

各教研组基于学习目标的设计，完善课堂教学评价与阶段教学效果评价相结合的学业评价方式。教师在评价和管理学生时，既要看学生的学业成绩，更要看学生在学法掌握、实践应用、素养提升和特长发展等方面的综合成效。课堂教学效果评估以每节课 5 分钟的学习目标小测作为实现课堂效果评价的基本方式。学科教学效果的评价，在依照房山区课堂教学评价的基础上，结合学科实践、拓展活动、科学竞赛、知识应用等多维度对学科组建设进行评价。

（二）依托课程建设，提升教师课程领导力

2019 年，房山区教委启动“课程领导力提升”项目，这个项目对良乡二中的课程建设与发展起到了重要的推动作用。在进行课程领导力提升项目研究的三年中，良乡二中基于教情、学情的研究，在国家课程校本化实施领域有了长足的发展。

1. 以文化引导，提升教师课程认知水平与实施能力

良乡二中在实现学校内涵发展、追求更高层次办学的进程中，形成了具有包容性和创新性的“梧桐文化”。在“雅洁舒适、风清气正、包容悦纳、文化浓郁、温馨适宜”的发展环境中，滋养培育“奋发有为、品德高尚、学识广博、技艺超群、追求卓越”的师生队伍。学校坚持“以

文化的方式发展有内涵的教育”的办学思路和“价值引领、组织学习”的管理方式，着眼学生综合素质的提高、教师专业水平的成长，以“品位”课程体系建设为核心，以实施“活力课堂”促进教与学方式的变革为主渠道，全面推动国家课程的校本化实施。

国家课程的校本化开发与实施，需要学校在遵循国家课程基本理念和目标的基础上，从自身实际出发，对课程进行“再开发”或者“二度开发”。几年来，良乡二中在综合实践活动、地方课程整合、跨学科大课时整合、体育课男女生课堂教学、信息技术融合等方面都在尝试进行国家课程的本土化落位。学校组织骨干教师团队重新梳理学校“品位”课程的构建样态，结合课程领域、修学方式等科学构建课程框架；绘制具有实践指导意义的课程图谱，以期实现各个课程群之间的文化贯通和育人共性。通过三年的实践，教师打破了对于学科表层的认知，能够基于学科育人功能、学科素养与学生培养之间的关系去看待课程与课堂。在教学实践中，教师能够做到细化课程标准、合理开发资源、创新教育教学方式，实现各有所长的发展。

2. 丰富课程供给，助力学生全面发展

经过多年的积累与发展，良乡二中的很多学科形成了具有一定研究意识、引领创新的团队。这部分教师不仅在课堂教学改革方面具有较强的示范与引领能力，教学成绩较为突出，而且在学科拓展、实践研究和促进学生全面发展方面都做出了积极的努力，创造了优秀的教育成果。

例如，良乡二中音乐组“柯达伊”教学模式的不断成熟，让学校艺术团体蓬勃发展，成绩卓然，在丰富学校艺术教育的同时，带动全区音乐课堂教学质量的提升；颖拓非遗进校园与美术书画院的申报成功，使学生的艺术学习有了新的发展平台；“根与芽”紫藤社团的实践与研究，让学生对于生物课程的学习不再拘泥课本知识，教师把生活中的一草一木都与课堂紧密相连；物理教研组多年来致力实验教学探究，带领学生进行了未来工程师、小小机器人、木梁承重等科学创新实践，在历年的科技比赛中屡获佳绩；地理小博士、信息技术的3D打印与编程课程、英语戏剧社、梧桐诗社等，众多的学生实践园地、丰富的校本课程，都是各个教研组立足学科素养培育、学校课程育人目标，为学生的全面发展做出的有意义的研究成果。

（三）开展课题研究，积累校本研修成果

2016年以来，良乡二中基于课堂教学、教法研究、学科发展等主题进行了多项课题研究。在大数据实验项目启动之后，基于信息技术提升、项目开展与应用、“双减”背景下作业研究、学科素养提升等内容，开展了教科研的课题项目。基于教学实践中存在的问题，教师们开展问题引领下的“活力课堂”建设课题研究，各教研组把教学过程中存在的焦点问题转化成学科建设小课题，并以此作为学科发展的推动力。校本化的小课题研究既凸显校本研修的问题导向，又促进教师反思，还能够把研究成果转化为培训课程。

在实践中，教研组的教师成立了基于学科发展的小课题研究群，积极推动教研组建设成果的积累。近些年，良乡二中引导教师积极参与学科课程建设，指导各个教研组梳理出明确的评价目标；设计了基于学生成长的学科建设评价手册、“活力”课堂教学有效性的评价方式、教师专业成长与发展的评价指标等研修成果。学校带领教师设计编制了数学、物理、化学、地理等个性化作业手册和课堂教学讲义手册，完成了线上可以共享的教学资源库和微课资源库的建设。

三、加强教师培训，促进教师成长加速

（一）以需求为导向，开展菜单式的研修课程体系

每学年初，良乡二中都会开展基于教师发展的调研问卷，对调研数据的科学分析是对学校顶层设计的有益补充和完善。结合教师的实际需

求和具体问题点，良乡二中在教师研修课程框架的基础上，给教师提供了菜单式的培训课程。例如，青年教师的系列课堂教学管理培训、骨干教师的专家专题培训、科学学科的实验教学专家培训、艺体心理学科的实践与拓展培训等。同时，学校也针对教师的个性化需求，制定了薄弱教师提升系列培训项目、教非所学教师的专业提升培训，通过校内结对、外聘专家、同伴互学、骨干引路等方式，让每一个教师找到自己的发展之路。

（二）内引外联，拓宽研修路径

良乡二中坚持以开放谋发展、以交流促提升的教师培养思路，内引外联，努力拓宽研修路径。作为北京市中小学教师教育基地校，全国骨干校长、骨干教师培训基地校和支援湖北、内蒙古对口学校，近些年，良乡二中承担了多人次的全国骨干教师、骨干校长培训任务，各类市区、全国教师培训项目、各类教师交流研讨活动以及外出对口支援的送课活动等。每一次的接访和外出学习都是很好的研修与学习的机会，学校会通过设计学习研修手册、学科交流论坛、同课异构实践等方式实现每次研修效益的最大化。

结合教师的发展需求，良乡二中会聘请各类专家给老师做教育改革的相关政策解读、新时期的师德建设及教育教学改革的专题辅导讲座和课堂教学改进性指导与培训。例如，基于教育改革进程中教师存在的问题，良乡二中聘请市区级学科的专家、高校的学科教授给老师做了不同层次的讲座和辅导，深入课堂进行一对一的指导，从思想和行动上带动教师的转变。为了加快教师成长的步伐，良乡二中搭建各类平台，让教师展示自己、发展自己，让教师以更高的标准要求自己的教育教学工作，做具有新理念、新技能、深厚教育情怀的新时代教育工作者。

四、发挥引领示范作用，在交流分享中获得新发展

作为区域内一所规模较大的初中校，实现教育的高质量发展一直是良乡二中努力的目标。但是，高质量发展不仅仅体现在一所学校教育教学质量的优质上，更体现在一所学校在区域发展进程中所做出的贡献和肩负的职责上。

（一）承担实验项目，赋能教师新发展

2018 年，房山区引进了大数据实验项目。作为首批实验校，良乡二中在信息化建设方面有了更深的发展，教师的课堂教学也有了新的变化。2021 年，国家教育成果试验区的启动，为良乡二中的教学研究与发展带来了新的动力。智能工具——点阵笔进入课堂，“双师课堂”搭建了优质、均衡发展的桥梁。如何让点阵笔和大数据平台有机结合起来？如何让智能工具助力课堂效率的提升？在“双减”政策指引下，学校的教学供给如何满足学生个性化需求？基于问题导向，良乡二中成立了以骨干教师为核心、以教研组长为示范的项目实验团队，开展了一系列的项目实验。教师通过课例研究、组内交流、校内展示、多校联动，探索出了一条信息技术与课堂教学深度融合的发展之路。

（二）承担基地校建设，打造优秀教师团队

2022 年，良乡二中被确定为房山区数学学科教研基地校、语文学科教研基地培育校。在基地校建设过程中，一支具有研究力、实践力和创新力的教师队伍逐步成长起来。在房山区数学教研员、特级教师张勃的带领下，参与学科基地校建设的教师团队开展了一系列的研究实践活动。短短几个月时间内，良乡二中数学教研组完成了两个市级课题的立项，确立了房山区数学学科基地校的研究主题——几何画板嵌入数学课堂的课程建设；成员教师进行了多节研究课、公开课，并积极参与了学校信

息技术融合课堂的实践研究，承担了点阵笔、双师课堂等多节示范课，在区域内教学研究的深度发展上起到了非常好的引领作用。

（三）承担集团教研，在辐射引领中成就品位发展

2019 年，房山区教委成立良乡二中教育集团，旨在充分发挥良乡二中优质师资和教学资源，带动区域内农村薄弱学校，实现优质均衡发展。通过开展集团内学校之间管理互通、师资共享、教研一体、质量共进、文化共建、特色发展“六大行动”，不断探索集团发展优势，努力推进全区教育事业的均衡、健康、快速发展。

作为教育集团的牵头校，良乡二中发挥骨干教师团队的优势，挖掘校本研修共同体建设契机，积极创建校内校际的教研团队，实施各学科、全学段、大教研组的教研方式，促进校本研修质量的提高。良乡二中教育集团本着协同发展、共同提高的工作思路，在课堂教学改进、初三备考研修、教师专业发展、暑期作业与课堂学案编制、学生活动拓展、班主任队伍建设等方面开展了一系列的培训、交流、研讨活动。在集团校的协同共进中，各成员校真正实现了“各美其美、美美与共”的发展势态。

回首发展路，良乡二中依托校本教研，提高了干部教师的专业素养，调动了教师参与课改的积极性和主动性，教育教学质量稳步发展。做实校本研修，不仅仅为良乡二中教师的专业化成长搭建了更多的展示平台、交流平台、科研平台，也是推进教师培训模式改革创新、提高教师培训针对性和实效性的新途径。在今后的工作中，良乡二中将继续以课堂教学改革为抓手、以学科内整合与跨学科融合为重点、以国家课程学科体系建设为方向进行全方位探索，打造一支能自主进行课程改革和创新的本土教师队伍。

信息技术深度融入教与学的实践与探索①

要加快信息化教育变革，就要利用现代技术加快推动人才培养模式的改变，实现规模化教育与个性化培养的有机结合。当今时代，借助互联网、云计算、大数据、虚拟现实（VR）、增强现实（AR）和混合现实（MR）等现代信息技术，教育的面貌和本质发生了深刻变化。与此同时，学校与教师的教育理念、教学模式、学习方式、课程资源等均将发生根本性变化。

在力行“双减”政策要求的背景下，如何让课堂真正发挥育人主阵地的作用？如何让学科建设实现均衡发展？如何让信息技术成为课堂改进研究的有效助力？北京市房山区良乡第二中学借助区域项目建设和课题研究，在学习诊断、在线教研、双师课堂建设等方面进行了深入的探索和实践，旨在实现信息技术与课堂教学的深度融合，促进课堂质量的提升和教师专业能力的再发展。

一、精准开展数据分析，促进课堂改进与提升

世界上没有两片叶子一模一样，同样的80分背后也一定存在不同的原因。教师借用大数据的分析手段，通过对学生学习行为数据的采集、分析、处理，学生的差异性就会清晰呈现。

2016年，随着房山区引入北京师范大学高精尖中心大数据实验项目，良乡二中作为首批实验校，在学生学习诊测、智能平台应用、精准学情分析、精准课堂教学改进、在线教研等方面开展了丰富的实践性研究。这个项目的引入，真正让数据实证分析成为衡量课堂教学的一把尺子，

① 本文作者系北京市房山区良乡第二中学原教学副校长、现四〇一学校校长冯秀娟。

把教师对课堂的模糊理解变得更加聚焦、更加准确，在精准教学、精准教研层面开拓了新的局面。

（一）精准分析学情，优化课堂教学设计

什么是有效的课堂？有效课堂的本质就是让学习基础不同的学生有收获的课堂。只有当教学足够精确并建立在学生已有基础之上时，才能产生既定的教学效果。在数据分析的视角下，教师利用智慧学伴技术平台上的数据与能力值分析图表，能够明确学生的学科知识掌握情况，利用学科知识诊断能力分布可以更清楚自己在教学中的成功和失误。只有对学情进行准确的分析，对备课、预习指导、授课、作业设计等形成清晰的发展路径，老师才能精准地关注自己的学生和更精准地设计自己的课堂。所以，教师只有实行有效前测，聚焦学生学习实际基础，才能精准设计教学目标、选择适当的学习资源，找到最佳的教育起点。

（二）基于问题导向，促教研方式和内容转型

教研是课堂的基础，课堂是教研的延伸与落位。为了发挥教研最佳的指导功能，教师需要思考以下几个问题：教研如何与课堂更好地契合？如何利用教研聚焦学生的实际、做好深层的学情分析？

老师通过线上收集学生的学期总测、模拟测试、单元微测和日常测评，能够对学生的整体掌握情况做到心中有数。从教材到课标，从单一的知识片段到系统的能力建设，应该是新时期教师研究的重点。基于北师大高精尖团队对课程知识能力建构的分析，教师在日常教学中，应更加聚焦学生从知识表层到学科素养与能力提升，因此，对于学生学科能力的进阶培养成为教师日常教学的重要任务。教师对每一个学习资源都会对照新课标中知识能力标准进行分析和研究，让教学过程更聚焦学生素养、能力的提升，让课堂学习生活化和情景化。

在学习反馈方面，学校利用分析平台开展学生知识补偿教学研究，

在这个平台上，教师可以看到试卷上所有试题的得分率与区域内的对比。每一道试题都对应着一个知识点和能力值，教师要找到具体的题目，查看具体薄弱题目出现在处于哪些分数段的学生群体上，从而聚焦到学生个体，对这些学生进行有针对性的教学辅导、选择适切的教学资源和供给。教师可以依据智慧学伴上的试题分析图谱对接所有题目考查的能力点和知识块，无论是在阶段诊测还是在日常作业设计上，都要聚焦学科素养、学科能力，这才能让教师教研的方式和重点内容发生质的变化。

（三）基于数据诊断，做好学生的个性化服务

双减的落实，核心指向给学生提供更适切的教学供给，特别是北京市教委针对双减落地开展的课后服务相关要求中，提出了有针对性的个性化教学服务。实现个性化、有针对性的教学服务，前提是教师对学生真正做到心中有数。为此，教师在进行课堂授课前，会利用智慧学伴平台对学生进行基础微测，全面掌握学生的知识基础和其对新知识的准备情况。

为了培养教师对数据分析和使用的意识和习惯，学校构建了从在线批阅到学情分析再到精准教研的实施路径。基于课前微测，老师会更有针对性地设计课堂学习材料、学习活动和学习检测方式，针对学优生和学困生进行分类作业设计和评价。这样，一节课在通识性讲授与个性化提升方面能够做到最大限度的融合，促进全体学生的梯次发展。

在实施过程中，教师的角色发生了微妙的变化。他们从起初的课堂环节设计者转为多种优质资源的筛选者，最终成为课堂教学的规划者、实施者和监督者，为下一步教学环节的实施指明方向。

经过多次的教学分析和实践，各学科组形成了各自的课堂教学范式，基于诊测分析成为课堂教学的常态管理。例如，初三复习课的实施路径，物理、数学学科基于数据诊测的教学模式等，都为有质量的课堂建设提供了实践样态。

（四）基于“教”与“学”的动态管理，助力教师专业发展

对于学校管理者来说，需要精准分析每一个班级、每一位教师、每一门学科的对比数据，全面监控学校的教学现状，适时调整学校的教学管理，从而实现教育数据和教育管理的融合。学校管理层更多地关注整个学校、一个年级、一个学科的整体发展情况，数据分析的重点在教师之间、班级之间存在差异性的真实原因，对教师的教学评价、发展需求、教研组、年级组的优质建构方面不再仅凭经验和主观印象，而是开始借助数据制定更科学的管理决策。

如表 4-2 所示，是良乡二中初二年级某一次质量调研的分析报告，展示了该年级两年来学科之间的发展状况、班级之间的发展差异，年级组和教研组可以根据变化曲线及时自查、自省、自我改进，并对差异性较大的班级、教师进行即时性的管理干预。

表 4-2　良乡二中 2020 级初二年级第一学期期末测评整体情况

考试概况（本校人数：495　参与人数：473　参与学校：38）

	总成绩	优秀率	及格率	语文	数学	英语	物理	生物	道德与法治	历史	地理	分数差异值	高分离均值	低分离均值
学校平均	559.19	44.40	90.70	82.93	76.51	46.92	70.21	56.81	84.37	79.74	61.72	93.71	56.68	90.62
区县平均	517.85	25.25	83.40	76.25	69.62	41.21	66.09	54.47	81.14	71.55	57.53	102.81	70.76	94.67
区县排名	1	1	4	2	3	1	9	10	4	2	4	–	–	–

注：学校的分数差异值相比区县平均值偏大，说明两极分化较严重。

低分离均值相比区县偏大，说明低分段成绩较分散。

高分离均值越大，成绩越分散；值越小，成绩越集中。

二、拓展学习新方式，学习工具开发与应用

在信息技术高速发展的今天，学生的学习方式不再拘泥于传统的课堂形式。互联网给学生提供了更多元的学习路径，教师应该成为新型学习方式的引路者、协助者和指导者。对新型学习工具的使用，一定是指向培养学生学习方法、学习意识、学习能力，这也是新时期教育高质量发展的方向。

（一）建设 Ipad 课堂，解决教学难点

2016 年，良乡二中建设了两部 Ipad 课例室，学校从尝试到推广、从培训到应用、从典型教师团队示范到众多教师的积极参与，经历了非常艰苦的探索历程。教师不仅能够利用 IPad 技术完成某个教学环节，更多是基于教学过程设计和改进的深入研究。随着逐步的探索和实践，很多学科，如数学几何画板、GBB 软件的应用，物理、生物的实验教学，美术的色彩设计与音乐的作曲等，都借助 Ipad 本身的功能给学生更生动的学习体验。

教师既可以用到 Ipad 本身的 Iteach 课堂检测随时查看学生的检测题答题结果，也可以在课上应用智慧学伴平台为不同层次的学生推送适合的即时性诊测资源，检测学生课堂学习的效果。

为了实现课堂的交互性和学习资源的共享，教师可以利用 Ipad 的 Iclass 系统把课堂学习过程存留下来。本节课的学习过程、师生的课堂生成资源和学习评价的结果都可以成为教师研究、改进课堂的直接经验，是后续教研的直接依据。

（二）借助点阵笔，聚焦学生过程性问题的解决

分数并不能如实地反馈出学生的真实学习过程，学生的知识内化程度和思维过程都不是可视的。但是，点阵笔这一学习工具可以实现学生

学习过程的可视化。点阵笔是利用数码笔前端的高速摄像头随时捕捉笔尖的运动轨迹，通过点阵笔实时记录学生书写速度和轨迹，用于分析学生学业掌握程度、外显学科思维以及留存学习数据。

在区域项目的推进下，学校带领初二年级教师实验团队积极开展基于学习过程可视化的点阵笔教学创新实验。教师希望通过这一新型的学习工具，让学生可以看到自己的学习思维，对比与同伴之间在思维方式上的差异性，从而梳理自己的学习难点和学习的生成点。

新的技术和工具，都是为教学服务的。在新课程改革的进程中，教师的思考和完善是让技术完美契合教育目标的重要保证。要想让工具发挥最大的效能，教师对教材的分析、对学情的把控，以及对课堂的设计能力都需要加强，这在一定程度上能够对教师的专业成长起到很大的促进作用。

（三）实施跨学科整合，提高学生的探究和实践能力

基于不同学科学习方式的关联性，良乡二中一直提倡学科整合式发展。

学校在进行大学科教研组的建设过程中，把信息技术的融合发展作为重要指标。学校数学、物理、化学、美术等学科都与信息技术课堂进行了整合，把常规课堂搬进了学校机房，让学生在真实的探究情境中获得学科能力的提升。让学生亲自操作几何画板、GBB 软件，探究数学思想的发展历程，要比教师讲好几课都有效果。

信息技术与课堂教学的深度融合，促进了师生共同的反思和探讨，对于拓展学生学习方式、学习的自觉性和研究意识非常有帮助。师生共学、互助提升是信息技术应用于课题教学的最大价值。

三、着眼优质均衡发展，推进双师课堂建设

双师课堂就是一个课堂由两位老师利用线上线下的同步授课，以发挥优秀教师的辐射作用，实现优质资源共享。

（一）龙头校教师示范引领，促进集团校协同发展

2018年初，为了促进义务教育优质均衡发展，在市区教委的整体部署下，良乡二中牵头区内五所乡村学校，成立良乡二中教育集团，带领这五所学校协同发展。但是，这五所集团成员校地处乡村、贯穿区域南北，师资力量薄弱，教学成绩参差不齐。如何实现随时互通、实时互联和师资共享成为集团内开展协同教研的最大困难。随着“双师教室”的建设，良乡二中可以随时与成员校进行课堂连线，进行线上的大教研，甚至学生活动的交流与展示都可以实时传送，实时互动。

良乡二中的骨干教师分别与集团成员校各薄弱学科教师结对，在新授课、复习课等专题课型的研磨和建设方面开展探索与实践。集团内创建了以“教学评一体化”为核心的协作教研模式，借助双师课堂实现跨时空的同步教学，并利用云平台系统促进课程资源的再利用，尽最大可能把优秀教师的课堂教学资源共享到更大的范围。

（二）基于双师课堂建设，促进教研组高质量备课

课堂优质共享的前提是集中教研的开展，在设计双师课之前，输出输入端教师需要精心设计课型、研究学情、对比学生的层次性和差异性，聚焦学生不同的学习基础和学习习惯，从而在两个端点给不同学生以符合实际需求的最大供给。这个过程，远比上一节课的价值更高。双师两端的“主讲”和“助教”要进行更加深入的同步备课，做好密切配合，如教学思路一致、教学过程环节切换、同步板书、同屏书写、师生互动等，都需要无缝对接，这样才能避免出现“夹生饭”，对于教师专业基本功的提升将起到重要作用。

一节有质量的双师课堂，需要教师组合深度的研磨，需要从教研组层面进行课型的全面设计，纳入常规教学进程，这对教师的教研活动提出了更高的要求。例如，双师课堂的授课教师进行在线备课和研讨时，

利用 ClassIn 平台做课例研磨和教学的完善与修改，所有的备课过程都记录在平台上，教师的课堂实录也会自动上传到云平台。课后，教师可以随时进行后续课堂教学的反思和改进。

在新技术的助力下，教研组集体教研也完全打破了物理空间，实施云端备课，如智慧学伴的在线备课系统、学科网在线教研、ClassIn 平台备课系统等，都给教研组主题教研和集体备课提供了新的支撑，这对于存留、分析、改进备课内容和提升备课质量意义深远。

研发奇妙“三旅”课程，助农村学子青春飞扬[①]

北京市房山区青龙湖中学坐落在美丽的青龙湖畔，是一所农村初级中学。学校于1958年建校，现有教职工71人，其中，高级职称25人，中级职称29人。学生来自22个自然村和社区，共计452人,15个教学班。

近年来，学校坚守“为学生全面而有个性的发展和终身发展奠基”的办学思想，大力研发奇妙“三旅”研学旅行课程，有效促进了学生发展和学校办学质量的提升。

一、明晰课程开发背景

（一）落实教育改革的需要

1999年，中共中央、国务院指出，教育要以培养学生的创新精神和实践能力为重点。2011年5月，教育部明确指出，利用社会资源开展社会实践是提高教育质量的必然要求，是促进教育内涵发展的重要内容，是实施素质教育的关键环节，也是教育适应经济社会发展的必然选择。2017年9月，教育部将研学旅行纳入考察探究的活动形式之一。

（二）振兴乡村文化的需要

以前，农村学校的校外课程都是追随城区学校，学习“高大上”内容。自2007年以后，青龙湖中学做了全面调研，发现学生不是不爱自己的家乡，而是不了解自己的家乡，家国情怀更是一句口号，更不要讲学

① 本文作者系北京市房山区青龙湖中学原校长郭洪生、副校长申立菊。

成能反哺农村，助力乡村振兴。即使学生的学科知识再扎实，也可能会出现“高考送出全村的希望，博士归来居家啃老”、高分低能的现象。

学生知家乡、爱家乡、建家乡，要从一点点小事做起。实践课程能够让学生走进自然、社会，提升实践能力，从小形成对家乡抹不掉的记忆，这就是将来学生在学业有成之时，助推乡村振兴、反哺农村的不竭动力。

（三）满足学生发展需要

课程是实现教育目标的基本途径和载体，学生的实践能力不能仅靠“纸上谈兵”，而是需要在实践活动中反复练习、总结和反思才能得到发展和提高，学校特色实践课程应成为学生实践能力培养的重要途径和主要阵地。

学校经调研发现，校内有约五分之一的学生家庭搬上了楼房，大部分学生住在农村，有一部分学生出行只能靠公交，还有一部分的学生家里没有台式电脑，手机是唯一的上网工具。时代在飞速发展，这部分学生如果只接受校内课程的教育，对自然、社会、自我的认知将不会完整，走上社会将会无法很好适应。经过认真思考，学校认为研学旅行活动让每个学生都绽放才是适切的，也才是美好的。在这个理念引领下，青龙湖中学因地制宜，依托本土资源开展适宜校情、学情的奇妙“三旅”研学旅行课程，并且将其纳入学校课程体系之中。

二、精心构建课程体系

（一）搜集整理校外资源，寻求教育契合点

房山区不仅丘陵、山地、平原等地形地貌丰富、特色鲜明，而且文化底蕴深厚，素有“人之源”“城之源”“都之源”的美誉。同时，平西抗日根据地等红色教育基地众多，为房山区初级中学的课程建设提供了

丰富的资源。

奇妙“三旅”研学旅行课程目标“青春飞扬，个性绽放”是在国家教育方针指导下确定的，其源于农村中学学生实际，主要解决农村中学生受经济条件制约造成的眼界窄、个性不彰显的问题。

（二）组建课程研发团队，校内外共担

首先，组建学校课程研发团队，研发团队包括学校各教研组组长和学科骨干教师；其次，学校课程研发团队通过实地考察，寻找本区校外资源与学校教育的契合点，初步与校外课程资源单位建立联系；最后，学科教师与实践课程教师依据学科目标与实践课程目标的契合点，走进校外课程资源单位开发课程。

（三）系统开发课程内容，满足学生需要

学校针对七、八、九年级开展的“自然之旅”“文化之旅”“红色之旅”让学生对自然、社会、自我形成了完整认识，如表 4–3 所示。

表4-3　奇妙“三旅”课程内容设计

<table>
<tr><th>课程实施阶段</th><th colspan="2">课程内容</th><th>总目标</th><th>课程目标</th><th>实施方式</th><th>课时安排</th></tr>
<tr><td rowspan="3">行前准备课程</td><td colspan="2">安全教育</td><td rowspan="20">通过初中三年的系列研学旅行课程，学生能关注自然、社会、生活中的现象，主动获取知识，发现、分析并解决问题，形成理性思维，具备批判质疑和勇于探究的精神</td><td rowspan="3">培养学生的旅行安全、文明礼仪意识，培养学生的课题研究能力</td><td rowspan="3">讲座、课堂教学</td><td rowspan="3">安全及礼仪讲座利用课后服务时间，时长1小时；课题利用综合实践时间，共4课时</td></tr>
<tr><td colspan="2">礼仪教育</td></tr>
<tr><td colspan="2">课题选题及开题</td></tr>
<tr><td rowspan="17">行中体验课程</td><td rowspan="7">自然之旅</td><td>溶洞探秘</td><td rowspan="7">使学生走进自然，提升对自然的整体认知，茁壮成长</td><td rowspan="17">考察探究、社会服务、设计制作、职业体验</td><td rowspan="7">与实践课程三年总课时融合
二天两晚</td></tr>
<tr><td>古村衰落</td></tr>
<tr><td>住宿课程</td></tr>
<tr><td>星空探秘</td></tr>
<tr><td>多样生物</td></tr>
<tr><td>地质变迁</td></tr>
<tr><td>怪石追踪</td></tr>
<tr><td rowspan="10">文化之旅</td><td>古石桥文化</td><td rowspan="10">使学生感悟文化，洗涤心灵，走进社会，提升对社会的整体认知</td><td rowspan="10">三天两晚</td></tr>
<tr><td>汉白玉文化</td></tr>
<tr><td>新农村文化</td></tr>
<tr><td>北京人遗址文化</td></tr>
<tr><td>模仿考古</td></tr>
<tr><td>贾岛祠名人文化</td></tr>
<tr><td>古塔文化</td></tr>
<tr><td>印刷文化</td></tr>
<tr><td>商周遗址文化</td></tr>
<tr><td>拓片制作</td></tr>
</table>

续表

<table>
<tr><th>课程实施阶段</th><th colspan="2">课程内容</th><th>总目标</th><th>课程目标</th><th>实施方式</th><th>课时安排</th></tr>
<tr><td rowspan="6">行中体验课程</td><td rowspan="6">红色之旅</td><td>追忆平西</td><td rowspan="10">通过初中三年的系列研学旅行课程，学生能关注自然、社会、生活中的现象，主动获取知识，发现、分析并解决问题，形成理性思维，具备批判质疑和勇于探究的精神</td><td rowspan="6">使学生走进个体生活，传承基因，坚定信仰，提升对自我的整体认知</td><td rowspan="6">考察探究
社会服务
设计制作
职业体验</td><td rowspan="6">两天一晚</td></tr>
<tr><td>小解说员</td></tr>
<tr><td>抚慰英灵</td></tr>
<tr><td>再现烽火</td></tr>
<tr><td>红色背篓</td></tr>
<tr><td>薪火相传</td></tr>
<tr><td rowspan="4">行后拓展课程</td><td colspan="2">研学成果纸版创意印刷</td><td rowspan="4">综合实践/劳动课，每个课程3课时</td><td rowspan="3">课堂教学</td><td rowspan="3">综合实践/劳动课，每个课程3课时</td></tr>
<tr><td colspan="2">研学成果纸工创意制作</td></tr>
<tr><td colspan="2">研学成果木工创意制作</td></tr>
<tr><td colspan="2">研学旅行课题成果交流展示</td><td>班会</td><td>2课时</td></tr>
</table>

三、推动课程实施评价

（一）课程实施

奇妙“三旅”课程分为三部分：第一部分，研学旅行行前准备课程；第二部分，研学旅行行中体验课程；第三部分，研学旅行行后拓展课程。

1. 研学旅行行前准备课程分为三章，共计4小时

第一章，安全课程，长课时1小时；第二章，礼仪课程，长课时1小时；第三章，研学旅行课题研究开题，长短课时结合。5课时课题研究指导课，运用常态课时，使用2小时进行课题开题评审。

2. 研学旅行行中体验课程分为三章，总共七天五晚，分阶段实施

第一章，自然之旅（总计三天两晚）；第二章，文化之旅（总计三天两晚）；第三章，红色之旅（总计一天一晚）。

（1）第一章分为七节：第一节，溶洞探秘；第二节，古村衰落；第三节，住宿课程；第四节，星空探秘；第五节，多样生物；第六节，地质变迁；第七节，怪石追踪。

（2）第二章分为十节：第一节，古石桥文化；第二节，汉白玉文化；第三节，新农村文化；第四节，北京人遗址文化；第五节，模仿考古；第六节，贾岛祠名人文化；第七节，古塔文化；第八节，印刷文化；第九节，商周遗址文化；第十节，拓片制作。

（3）第三章分为六节：第一节，追忆平西；第二节，小解说员；第三节，抚慰英灵；第四节，再现烽火；第五节，红色背篓；第六节，薪火相传。

3. 研学旅行行后拓展课程，共计 8 课时，每课时 45 分钟

第一节，研学成果纸板创意印刷；第二节，研学成果纸工创意制作；第三节，研学成果木工创意制作；第四节，研学旅行课题成果交流展示。

（二）课程评价

课程评价原则为评育结合。方法为点面结合、多元评价、重过程的发展性评价、系列评价。具体评价过程为，在研学旅行中，以具体课程为评价点，评价工具是研学手册上的课程任务，评价主体分别是指导教师、班级同学、个人、班主任；每个主题活动，结束有主题评价，评价主体分别是指导教师、小组同学、个人、家长；校内到校外（融合在行前、行中、行后）的课题研究评价，评价主体分别是学校课题评审小组、指导教师、个人、全班同学；三年活动结束后，形成研学旅行个人档案袋，评价主体是教务处研学旅行负责处；最后是综合评价，评价主体是德育处，学生成绩记入综合素质评价平台。

学生在中考过后，都会依据各自的情况踏进高中、职技类学校，在新的学校继续青春飞扬、个性绽放。

四、促进课程成果推广

（一）“五育融合”，育人效果彰显

奇妙“三旅”课程的目的首先是培养学生科学的学习方法，使学生通过实地考察、采集标本、测量绘制地图、对比分析等多种形式，在老师的指导帮助下独立完成学习任务，养成理论和实践相结合、学以致用的学习习惯，其次是提高学生的组织能力和社会生存能力，要求学生用合格公民的标准要求自己，突出团结、互助、谦让、责任、担当精神。活动增强了学生的生活和情感体验，也让学生更加了解房山区地质生物资源的丰富。2017 年，青龙湖中学学生的研学旅行课题成果获得中国教科院课题研究二等奖，实现了国家级层面学生课题研究获奖零的突破。青龙湖中学在 2016—2017 学年度被北京市房山区教育督导室评为三年综合素质评价一等奖免检单位。

（二）经验辐射，推进合作共赢

在“自然之旅”“文化之旅”先后获得北京市课程建设一、二等奖之后，奇妙“三旅”课程体系在实践—思考—实践—建构的过程中日益成熟。2019 年，青龙湖中学因“三旅”研学特色，被中国教育学会北京市综合实践教育分会评为“综合实践活动课程特色校”，并召开市级现场会，进行经验分享；2020 年，青龙湖中学奇妙“三旅”课程获得联合国教科文组织中国可持续发展项目 ESD 优秀课程一等奖；2021 年，青龙湖中学奇妙“三旅”课程被北京教育科学研究院德育研究中心评定为“北京市第三届中小学立德树人研究成果主题活动类”一等奖。

在奇妙“三旅”课程日益成熟的过程中，学校不断积累经验，固化成果。2020 年 5 月，北京出版社出版了关于青龙湖中学的《综合实践活动课程校本化特色实施策略》一书。

依托本土课程资源的“三旅”课程，引起了镇政府的重视，青龙湖镇成人学校与青龙湖中学一起申报并获批市规划办课题“乡村振兴视域下农村中学劳动教育课程体系建构的研究”，旨在以研学旅行为起点迭代发展，更好助力乡村振兴。

（三）科研带动，促进教师成长

由青龙湖中学教师执笔的《试析综合实践活动课程与校外课程资源融合》等3篇论文在核心刊物上发表，《社会教育资源转化主题学习的“融合”策略与方法》等7篇论文获得市级一等奖，多篇论文获得区级一等奖。实践课程学习理念助推了教师课堂方式的变革，仅2019年，青龙湖中学就有12节跨学科市级公开课。

奇妙“三旅”课程自研发到成果总结，历时5年，取得的骄人业绩，来自学校研学旅行团队的精心筹划、精细管理与组织，来自团队中每个人的积极参与与付出。

注：青龙湖中学“三旅”项目组核心成员为郭洪生、申立菊、杨喜、张江、卢劲松、侯建文、李宝军、陈志强、王研哲、王立军、赵铁红、李振通、杨红霞、刘冉。

构建“3+3+2”教育模式，助推劳动教育创新发展[①]

北京市房山区窦店中学坐落于房山区城乡接合部的窦店镇，学校西北侧是农村区域，有稻田、农场、大集市；南侧是城镇区域，有高楼、超市、产业园，周边劳动教育实践基地供给较为丰富。但由于对劳动教育重要性认识不充分，对劳动教育开展的目标方向把握不准确，对劳动教育实施路径设计不合理，导致窦店中学原有的劳动教育开展不到位，成效不突出。

2022 年，窦店中学响应教育部号召，站在“为党育人，为国育才”的高度，通过深入研究、梳理整合、统筹设计，创新构建“3+3+2”的劳动教育模式，即坚持三项原则，聚焦三个关键，突出两全特色，全力推动学校劳动教育创新发展、学生全面发展，推动学校办学质量全面提升。

一、坚持三项原则，明晰劳动教育方向

窦店中学要求教师通过聆听讲座、交流学习、实地考察等形式加强对劳动教育的学习研究，经过不断努力，青龙湖中学在走出“只有让孩子干活才是劳动”的认识误区后，梳理总结出了开展劳动教育必须坚持的三项原则。

（一）坚持劳动教育的导向性原则

目标是行动的先导，目标不明确，行动就会失去方向。义务教育阶段劳动教育的目标不仅仅是让学生掌握 1 ～ 2 项劳动技能，更是要教育、

① 本文作者系北京市房山区原窦店中学团总支书记、现北京十二中朗悦学校党支部副书记葛世坤。

引导、帮助学生树立正确劳动观念，掌握基本的生活劳动能力，形成持久、良好的劳动习惯和品质，拥有勤俭、奋斗、创新、奉献的劳动精神。这一目标让学校走出了“没有实践基地，难以开展劳动教育”的误区。

（二）坚持劳动教育的教育性原则

教育性是学校开展劳动教育的首要属性，主要区别于生产性。劳动的生产性指的是以直接的物质财富和精神财富的创造为根本目的，而劳动的教育性应专注对人的劳动素养的培养，也就是学校的劳动教育不应该是单纯地教授学生去直接生产、制造出物品。这让学校在劳动教育的评价上，明确区分了劳动成果和劳动教育成果的不同，进一步明晰了物品的创造逻辑与人的发展逻辑之间的区别。

（三）坚持劳动教育的系统性原则

系统性是学校开展好劳动教育的重要基础，在具体实施中主要体现在三大方面。一是必须包含正确价值观的引导，即学校必须为学生从事向上、向善的劳动行业选择进行价值引导；二是必须体现劳动教育的时代特征，即学校要为学生创设符合现实社会情景的劳动教育；三是必须符合学生身心发展的特点，即学校设计劳动教育内容要根据年级、时段进行安排设计。劳动教育的系统性原则让学校摆脱了设计教育活动形式单一、内容枯燥的困境。

二、聚焦三个关键，系统推进劳动课程实施

窦店中学响应教育部号召，初步构建形成劳动教育活动安排计划，如表 4–4 所示，坚持“学生全员参与、活动全程开展”的基本原则，主要通过劳动课程、参观体验和社团实践三种形式，聚焦情景、体验和实践三个关键要素，统筹设计安排，全面系统推进。

表4-4 窦店中学劳动教育活动安排计划表（一）强化课程中的情景创设

<table>
<tr><td colspan="7">日常生活劳动</td></tr>
<tr><td>任务群</td><td>七年级上</td><td>七年级下</td><td>八年级上</td><td>八年级下</td><td>九年级上</td><td>九年级下</td></tr>
<tr><td>卫生与清洁</td><td colspan="6">坚持以小组为单位，组织开展班级日常卫生扫除和保洁劳动实践活动</td></tr>
<tr><td rowspan="2">整理与归纳理与归纳</td><td colspan="6">从学生入学开始组织设计美化班级方案，并组织实施，此后以学期为单位，逐步调整、优化班级设计并实施。以每个寒暑假为契机，设计家庭或者房间的布置美化方案，让有条件的家庭实施</td></tr>
<tr><td></td><td></td><td></td><td>制订家庭旅行计划</td><td>制订个人毕业旅行计划</td><td></td></tr>
<tr><td rowspan="2">烹饪与营养</td><td>了解家庭人员饮食习惯</td><td></td><td>调研全国各地美食习惯</td><td></td><td>调研世界各地美食习惯</td><td></td></tr>
<tr><td colspan="6">在重阳节、母亲节、父亲节等具有人群指向特点的时间节点和端午、中秋、春节等传统节日，根据家庭中每个人的饮食习惯，结合自己相关技能掌握情况制作果盘、烹饪主食、烧制菜肴</td></tr>
<tr><td rowspan="2">家用电器使用与维护</td><td colspan="6">调整个人学习桌椅高度</td></tr>
<tr><td></td><td></td><td colspan="2">劳动课实施：电风扇拆卸、清洗和安装</td><td></td><td></td></tr>
<tr><td colspan="7">生产劳动</td></tr>
<tr><td>任务群</td><td>七年级上</td><td>七年级下</td><td>八年级上</td><td>八年级下</td><td>九年级上</td><td>九年级下</td></tr>
<tr><td rowspan="2">农业生产劳动</td><td></td><td>植树节：学生代表参观七里店花卉大观园（实践基地）；全体学生种植植物</td><td></td><td>学生代表参观窦店现代牛场（实践基地）</td><td></td><td></td></tr>
<tr><td colspan="2">劳动课实施：教师为学生讲解农药的安全使用、极端天气的应对等农业知识</td><td colspan="2"></td><td></td><td></td></tr>
</table>

续表

传统工艺制作	学生社团实施：陶艺、纸工、布艺、木雕、刺绣、篆刻、拓印、景泰蓝、漆艺、烙画等					
	劳动课实施：了解传统工艺基本特点，掌握制作的基本技能与方法					
工业生产劳动			劳动课实施：识读并绘制简单的产品技术图样			
			学生代表参观汽车制造业基地（实践基地）	暑假鼓励学生选择适宜的生产实践项目		
新技术应用					劳动课实施：逐步培养学生对新技术类职业的理解与认同感，为学生未来生涯规划奠定基础	
					学生代表参观北大科技园区（正在联系）	
服务性劳动						
任务群	七年级上	七年级下	八年级上	八年级下	九年级上	九年级下
现代服务业劳动					劳动课实施：介绍现代服务业	
					家乡特产营销项目	家乡旅行路线设计项目

续表

公益劳动和志愿服务	校园环境清扫：校园卫生死角、实验室、图书馆等				
		学师学友帮扶：建立学师学友帮扶机制，使学生在一段时间内帮助其他同学讲解题目，提高成绩。			
			志愿岗位体验：鼓励学生参加学校组织开展的学习雷锋等志愿体验岗活动		
				社区志愿服务：鼓励学生利用“志愿北京”平台参加社区志愿服务活动	
					社会公益项目：根据自身情况选择参加公益活动

根据教育部要求，窦店中学将劳动课主要用于活动策划、技能指导、练习实践、总结交流等活动，个别活动根据任务群中的项目实践情况单节排课或2～3课时连排。学校特别注重情景创设，致力加强劳动课教研活动实效。在劳动课教学开始，教师通过故事、生活情境导入本节课内容，吸引学生兴趣，使学生集中注意力；课上利用多媒体创设情境，将劳动课内容串联到故事、生活情境中。例如，在总结交流时，教师可以为学生创设一种情景：“假设你有一片田地，这片田地满足什么样的条件，你才会选择使用收割机等现代农业机械技术？”这个情景创设考量学生对劳动形式的选取，能够体现出他们对体力劳作和机械劳作的对比思考，以及对影响农作物收成的天气、分布、面积、位置等因素的综合考虑。

（二）突出生活中的劳动体验

体验是启发学生思考、激发学生兴趣的重要举措。学校主动发挥家校协同育人作用，通过家委会联系周边的花卉种殖基地、植物产业园等场所，积极争得政府支持，联系高端制造业园区部分单位和职业高中专业车间，分别作为学校农业和工业的劳动实践基地。在植树节、劳动节等时间节点，学校选派学生到农田、车厂实地参观，并进行适当的体验操作，培养学生劳动实践能力，帮助学生掌握劳动技能。

（三）注重社团中的能力拓展

窦店中学已开发剪纸、刺绣、篆刻、拓印等学生社团，并全力争取开发尽可能多的劳动教育类社团活动，丰富教学形式内容，满足学生兴趣需求。同时，学校创新审批无土栽培试验基地社、家用物品维修部等劳动特色学生业余社团，由学生自发组织申报，校团总支审批开设，学生利用业余时间制作简单的无土栽培设施设备；学校还利用假期在社区开设志愿服务店，鼓励学生为老年人理发、修理自行车、洗刷电风扇，由此感受劳动带来的成就感和价值感。

三、突出“两全”特色，全面提升劳动教育质量

（一）内容设置注重全学科融合

“五育”之间联系密切，青龙湖中学在开展劳动教育的过程中注意与其他“四育”融合实施，互利共赢。例如，把劳动教育与传承中华优秀传统文化相融合，组织学生在端午节、中秋节、重阳节和春节等传统节日，依据家人饮食习惯，烹饪 3 ～ 4 道家人喜欢的、符合节日氛围的菜肴；把劳动教育与学科实践相融合，通过创设“一名外国友人到家乡旅游”的情境，要求学生设计一条红色旅游路线，并用英语进行介绍。

（二）实施流程突出全链条设计

学校围绕“劳动与财富”两个关键词，打造“生产—分配—交换—消费”全链条实施的特色模式。学校以班级为单位设立劳动价值币管理机制，由班主任统一组织开展，并做好记录。学生按时完成班级分配的工作任务，如日常扫除劳动、班干部的职责任务等，可获得相应的“劳动价值币”，由此深刻理解“多劳多得、优劳优酬”的社会分配法则。特别是在每年五一国际劳动节这一天，学校设立劳动价值日，主要安排两项活动。一项活动是劳动价值表彰，主要是评选一年以来的“劳动之星”，即“劳动价值币”数值最高的学生，同时表扬“劳动价值币”增幅较大的同学；另一项活动是劳动价值交换，学生可以把自己培育的植物、设计的服饰、制作的工艺品拿到班级进行交换，或者用班级分配的“劳动价值币”进行购买，甚至可以进行拍卖。在这个过程中，学生能够切实感受到“劳动与财富”之间的实质联系。

经过多年实践探索，窦店中学在劳动教育上走过错的路，进过“死胡同”，但就如何开展好劳动教育的问题一直没有停止过研究。学校通过构建实施“3+3+2”劳动教育模式，使学生的劳动能力得到全面发展，使师生对劳动的认识得到全面提高，办学品质也随着劳动教育的优质、深入开展逐渐提升，并获得上级教育部门、兄弟学校和学生家长的一致好评。

参考文献

[1] 杜绍基，彭信之 . 当校长遇见德鲁克：冰山下的领导力 [M]. 北京：中国人民大学出版社，2021：11.

[2] 滕大春 . 外国教育通史：第五卷 [M]. 济南：山东教育出版社，2005：293-296.

[3] 杜成喜 . 转变 · 提升：房山区教育系统党建工作“六个转变”的探索与实践 [M]. 北京：中国商务出版社，2022：26-115.

[4] 苏霍姆林斯基 . 培养集体的方法 [M]. 合肥：安徽出版社，1983：255.

[5] 习近平 . 习近平谈治国理政：第三卷 [M]. 北京：外文出版社，2020：518-522.

[6] 乐正克 . 学记 [M]. 高时良，译注 . 北京：人民教育出版社，2016：53-72.

[7] 吴刚平，安桂清，周文叶 . 新方案 新课标 新征程：《义务教育课程方案和课程标准（2022 年版）》研读 [M]. 上海：华东师范大学出版社，2022：212-220.

[8] 韩艳梅 . 系统化学校课程设计：有效研制的实践指南 [M]. 上海：华东师范大学出版社，2021：68-90.

[9] 赫茨伯格，莫斯纳，斯奈德曼 . 赫茨伯格的双因素理论 [M]. 张湛，译 . 北京：中国人民大学出版社，2009：91-103.

[10] 马斯洛 . 马斯洛人本哲学 [M]. 成明，编译 . 北京：九州出版社，2003：62.

[11] 科维．高效能人士的七个习惯 [M]. 高新勇，王亦兵，葛雪蕾，译．北京：中国青年出版社，2011：41–43.

[12] 陶继新．治校之道 [M]. 上海：华东师大出版社，2007：254–269.

[13] 郑杭生．社会学概论新修（精编版）[M]. 北京：中国人民大学出版社，2009：139.

[14] 段文海，白永然．校长工作坊研修实践：以房山区为例 [M]// 何劲松．教师培训：新时代中小学教师成长路径探索．北京：北京师范大学出版社，2021：256.

[15] 严必友．学校管理的意义追问 [J]. 华人时刊（校长），2022（12）：9.

[16] 沈胜林．党建引领学校教育治理现代化的理论思考与实践策略 [J]. 黄冈师范学院学报，2021，41（2）：16–21.

[17] 张开云，王雅珠，赵虎．党建引领、多元联动与居民为本：社区治理创新的基本向度：基于“赤岗经验”的研究 [J]. 福建论坛（人文社会科学版），2019（6）：179–185.

[18] 王鸿杰．中小学校党组织领导的校长负责制的四大推进策略 [J]. 中国民族教育，2022（4）：24–27.

[19] 丁竞之．挖掘书法课程育人功能，提升课堂教学效率 [J]. 读天下：综合，2020（20）：46.

[20] 雷实．书法教育·语文课程·中华传统文化：《中小学书法教育指导纲要》试析 [J]. 课程·教材·教法，2013，33（12）：24–29.

[21] 侯洁，王澍．高扬人的实践本性：鲁洁德育思想管窥 [J]. 教育学报，2018，14（6）：12–20.

[22] 马萍．应用“观察—评价—反馈”方法改进年轻教师培养方式 [J]. 教育艺术，2022（9）：38–39.

[23] 薛国芳，郭红强．“课堂教学细节”对年轻教师专业化发展初探 [J]. 文理导航（中旬），2021，（5）：97–98.

[24] 杨勇．有效教学与有效学习的方法和路径 [J]，课程·教材·教法，2014，34（3）：20–25.

[25] 徐金海．学习方式变革的五个关键要素 [J]. 教育发展研究，2021，41（24）：3.

[26] 汤丰林 . 校长实践智慧的“理”与“法”[J]. 中国民族教育，2009（10）：48.

[27] 李希贵 . 学生第二：把你的教师放在第一位 [J] 人民教育，2004（10）：11-12.

[28] 孙小勇 . 强化基层治理的党建引领 [N]. 人民日报，2022-02-16（5）.

[29] 康丽，刘亚文 . 倡议全国教师做新时代的“大先生”[N]. 中国教师报，2021-09-08（1）.

[30] 佚名 . 中共中央关于坚持和完善中国特色社会主义制度 推进国家治理体系和治理能力现代化若干重大问题的决定 [EB/OL].（2019-11-05）[2023-03-28].http://www.gov.cn/zhengce/2019-11/05/content_5449023.htm.

[31] 佚名 . 中共中央 国务院关于加强基层治理体系和治理能力现代化建设的意见 [EB/OL].（2021-07-11）[2023-04-13].https://www.gov.cn/zhengce/2021-07/11/content_5624201.htm.

[32] 佚名 . 习近平：高举中国特色社会主义伟大旗帜 为全面建设社会主义现代化国家而团结奋斗：在中国共产党第二十次全国代表大会上的报告 [EB/OL].（2022-10-25）[2023-05-19].https://www.gov.cn/xinwen/2022-10/25/content_5721685.htm?eqid=8d63a5bc000a65de000000036459e6c0.

[33] 佚名 . 街乡吹哨 部门报到：北京以党建引领破解城市基层治理“最后一公里”难题 [EB/OL].（2019-07-18）[2023-04-25].https://www.12371.cn/2019/07/18/ARTI1563416799243226.shtml.

[34] 王建宗 . 中小学校长实践智慧与理论素养提升 [EB/OL].[2023-05-26]https://study.enaea.edu.cn/courseInfoRedirect.do?action=newCourseInfo&courseId=276935.

[35] 佚名 . 规划纲要草案：提升国民素质促进人的全面发展 [EB/OL].（2021-03-05）[2023-04-16].https://www.gov.cn/xinwen/2021-03/05/content_5590630.htm.

后记

为农村初中教育发展启智赋能
——基于对佟明河工作室研修实践的观察与思考

在基础教育的发展阶段，初中是九年制义务教育的最后阶段。既然是义务教育，那这种教育就是依法律规定，适龄儿童和青少年都必须接受的，国家、社会、家庭必须予以保证。既然是“义务”，就应该在体现强制性、公益性、统一性的同时，尽量体现均衡、平等。作为中国教育改革和发展重中之重的义务教育，首先，要解决法律规定的适龄儿童、少年“有学上”的问题；其次，要努力实现让所有适龄儿童、少年都“上好学”的目标。因此，发展初中教育，尤其是农村初中教育，既是教育自身发展的要求，也是形势使然，它是国家实现教育强国战略、确保人才素质的基础建设工程。

初中教育历来就有“基础教育的‘豆腐腰’”之说，尤其是农村初中教育，其发展是相对薄弱的一环。为大力发展农村初中教育，实现区域内城乡教育的公平，房山区委教育工委、区教委分析了区域教育存在的问题，明确了新时期高水平、高质量发展初中教育的战略目标，建设特级校长工作室就是其中一项重要举措。

“佟明河工作室”（房山区从2018年4月开始，陆续成立了11个书记校长工作坊/室，均以“×××工作坊/室”为名）成立于2020年5月。建立“佟明河工作室”是为了深入贯彻落实全国教育大会、市区教育工作会精神，推进校长职级制改革，进一步发挥区域范围内特级校长的引领、带动、辐射作用，加强学校干部队伍建设，培养一支具有现代管理理念的校长队伍，为实现“两个一百年”奋斗目标提供智力支持。

佟明河工作室是在区委教育工委、区教委领导和管理之下的学术组织，以三年为一个研修周期，在原《中小学管理》杂志社主编孙金鑫教授指导、佟明河校长主持下，在多样化研修方式中逐步提升工作室成员的理论素养和实践能力，辐射带动区内初级中学的整体发展。工作室13位成员作为房山区初中教育的种子校长，在初级中学内涵发展和区域教育整体发展中起着至关重要的作用。佟明河校长发挥在学校办学实践中的经验与智慧，孙金鑫主编发挥在理论研究上的独特优势，共同为工作室成员的专业成长提供专业支持。在后期工作室成果梳理及成书过程中，《中小学管理》杂志社王淑清编辑付出了辛勤努力。佟明河工作室坚持“理论素养+实践探索”的运行机制，秉承理论学习与实践改进相结合的研修思路，努力提升学员的教育理论素养与学校领导管理能力，最终促进其所在学校的高质量发展。

一、搭建平台：为个体成长提供可视的、不可或缺的舞台而系统谋划

（一）找准工作室组织定位

工作室是一个“在特定范围内，以解决实际问题为目的而开展的研究、讨论或分享”[①] 的组织。在工作室组织第一次活动时，主持人佟明河

① 校长工作坊研修实践：以房山区为例[M]//.何劲松.教师培训：新时代中小学教师成长路径探索.北京：北京师范大学出版社，2021：256.

校长说:“本工作室是一个共同学习，分享智慧的组织；是一个研究问题，解决困惑的团队；是一个你说我说，想啥说啥，想说就说的平台；是一个团结协作，共同提高的集体；是一帮扎根房山基础教育，谋求教育发展的同志。”

（二）立好工作室发展目标

立足房山区学校管理实践，在问题的发现、研究与解决中提升工作室成员自身的领导力和管理力，促进区域内初中教育均衡发展。

（三）画好工作室研修路线图

工作室研修周期为三年，分三个阶段：第一阶段以干部素养提升为主，第二阶段以研讨共性问题为主，第三阶段以总结分享、形成物化成果为主。每年集中活动十次左右，主要以学习交流、专家讲座、案例分析、沙龙研讨、入校调研、名校考察等方式进行。

（四）明确工作室研修内容

工作室的三年研修可以细化为“五个十”：一是理论学习——共同精读十本书并进行分享；二是问题研讨——基于工作室成员的工作、学习需求开展十个主题的讲座；三是实践行动——参观十所优质学校；四是分享展示——开展十次论坛活动；五是理性提升——每人撰写九篇文章，并做一次专题讲座。三年研修计划理念清晰、目标明确、内容丰富、行动务实。

二、理论仓储：像商品流通前为整合装运而保管一样，进行“理论”储存

为提升学员的专业素养，工作室引领学员对《中国教育史》《领导智慧》《教育常识》《未来学校》《教育方法学》《教育管理学教程》等十本书籍开展深度阅读，定期组织学员分享阅读感受。学术导师对学员的分享进行点评、方法传授，并分享自己对书籍内容的思考。工作室建议学员阅读前要思考：作者是谁，本书的写作背景是什么，与我们现在的阅读背景有什么不同，我们面临的任务是什么。阅读后还要“博学之、审问之、慎思之、明辨之、笃行之”。工作室还启发学员不断思考：在全球教育变革与科技迅猛发展的背景下，应该如何成为变革的引导者？应该如何重塑学校、重塑校长、重塑学习？应该如何缔造学校未来？通过理论学习，13 位学员的思想得到升华，对教育的理解和认识更加深刻，更加坚定了办好学校的理想与信念。

工作室在领读《教育管理学教程》后，学员纷纷发表自己的读后感。学员葛世坤就自己负责的学生综合素质评价工作中出现过的问题，针对“教育评价如何提高学校的教育水平”，提出学校要建立起一套“文化体系 + 课程体系 + 评价体系”相协同的学校教育体系；教师评价设置要突出激励功能，弱化监督控制功能，多以形成性评价方式开展，软化评价结果的应用；针对学生的评价标准和操作流程需要经过“细致—精简”的过程。通过学习，他在学校进行了学生习惯养成教育的系列实践。

研读李希贵校长著述的《学校如何运转》后，学员王永录审视学校现状，对组织结构变革有了更大胆的设想：从功能的角度出发，以党支部为首的决策层应包括教师代表、家长代表等；设置党建中心、服务保障中心、学生成长服务中心、课程建设与教师发展责任中心等职能部门；将教育教学管理服务等任务细化明确到各部门，各职能部门下设专职工作组和兼职项目组，其职能更多强调由管理走向服务与支持；将教师专

业发展、学校课程建设、课堂教学等内容作为重点领域，以项目组的形式开展研究与推进；学校组织变革涉及人，涉及利益，牵一发而动全身，要将新的组织结构中的相关部门职责与原有部门的相衔接，再调整；加强对干部教师的教育引导，明确“双减”等教育形势和目的，培养优秀群体，增强教师的课程教学能力、研究能力和适应变革的能力，这是组织变革的人力基础。

三、专题直达：针对学校教育管理问题，提供更可靠、反应更灵敏的供应链

物流、快递多考虑成本问题，满载率过低将无法直达，而学习却可以。工作室通过专家的专题讲座将教育理论学习和实践案例交流直接传达给工作室成员，促使学员对学校教育问题进行理性思考。学员通过理论学习形成管理思维，并在此基础上建构自己的教育行为。每一次焦点问题论坛，工作室主持人和学术导师都会针对学员的研讨主题做“教育的系统性”“教育的本质”“制度的价值”等专题讲座，引导学员对“管理是心的艺术”“教育方法学”“学校师生关系”这些教育根本问题进行思考，使学员对教育本质问题的认识更加深刻，能够对学校教育行为进行理性反思并做出合理的价值判断。

在“中学生早恋问题的分析和应对”专题研讨中，工作室六位成员针对初中阶段学生思想萌动、青春期身心变化带来的烦恼、如何帮助学生顺利度过这段青春懵懂期谈了各自的看法。通过之前几次研讨中导师的针对性指导，学员面对工作中的问题、痛点、关键点的看法、发言方式和内容都有了一定改善。思维的框架和对问题的分析都更加规范、科学，针对研究专题的思考有着明显的研究味道，大家在逐渐从经验走向学术。针对早恋问题研究，工作室成员产生了三点认知。一是客观认识早恋。早恋是一种地域、时代和现有教育方式下的概念，是对学生交往方式的一种认知。把早恋界定为一种交往的样态，涉及学生的安全感、

兴趣、家庭等多方面的问题，教师只有认识到早恋发生原因的复杂，才会找到合适的解决办法。二是辨析这种情感到底是不是早恋。学员们都经历过青春期，面对青春期的情感，教师要引导学生不能附加一些变质的味道，要珍惜这种情感的美好。三是正确的引导。学校与教师可以采取不同层级、针对不同人群的群体干预和个体干预。借助心理健康课、班主任工作、家长的配合，给学生更多的帮助和关爱。导师的引导能够使学员们从更高的层面去考量工作中的教育难点，因此，导师要从管理者角度去引导教师做好相关工作。

四、实践智慧：追求合理性的教育实践，真实的、伴随着理性的能力状态

在马克思主义哲学中，实践是指人能动地改造客观世界的物质活动，是人所特有的对象性活动。校长工作室的学员们不断进行理论储备、专题学习，同时还要进行实践，没有实践就不会有真正的认识，就无法产生真正的智慧。教育者的实践智慧是指教育者对教育合理性的追求，对当下教育情景的感知、辨别、顿悟以及对教育道德品性的彰显。实践智慧作为教育者对教育整体的直觉认识，是内隐的，但它在教育教学活动中也会有所反映。王建宗校长认为，校长只有“加强理论修养，才能意志坚定；善于理性思考，才能有的放矢；提升实践经验，才能登高望远”[①]。汤丰林院长认为，校长实践智慧的“理”就是“懂事、精学、得道”[②]。“懂事”是说校长要搞明白各种事务的轻重缓急，既要有效处置不同的事务，又不因陷入繁杂的事务之中而忘了自己的本分；“精学”是说校长要十分关注自己的成长，既要会学习，还要能研究；“得道”则要求校长必须深刻理解教育之本，把握领导之道。校长实践智慧的“法”就

① 王建宗．中小学校长实践智慧与理论素养提升[EB/OL]. [2023-05-26].https://study.enaea.edu.cn/courseInfoRedirect.do?action=newCourseInfo&courseId=276935.

② 汤丰林．校长实践智慧的“理”与“法”[J]. 中国民族教育，2009（10）: 48.

是度之法：高度与适度，差之法：差异与差距。

2021 年，工作室进行了两次入校访学。2021 年 6 月 2 日，学员们走进良乡二中参观校园，走进课堂了解梧桐文化与学校办学理念的关系。2021 年 10 月 11 日，学员们走进北京二中经开区学校，由工作室特聘导师孙金鑫主持，佟明河校长、《中小学管理》编辑部成员、工作室成员与北京二中经开区学校钮小桦校长进行了座谈。在轻松愉悦的氛围中，钮校长介绍了学校建设的基本情况，解读了“空气养人”的办学理念，并就大家提出的“双减”背景下如何进行作业设计、如何引领教师成长等问题进行了解答。外出教育考察活动拓宽了工作室学员的视野，激发了灵感，加深了工作室成员对新形势下学校在有限发展空间下如何寻找新的增长点、实现新发展的讨论与思考。

五、焦点月盘：按月清查教育焦点、难点问题，做到系统思维结构化

工作室聚焦学校改革发展中的真实问题，每月进行盘点。针对教育的焦点和热点问题开展的论坛活动有：早恋、减负、心理问题、手机及网瘾管理、关注学生体质健康（近视和肥胖为重点）、家校合作、学生学习动力、教师教学动力、学生惩戒制度、后勤管理等。主题论坛都是直面问题，深挖根源，破解难题。工作室导师与学员研讨交流，用真切的管理情境启发、引导工作室成员解决学校管理实践中出现的各种问题，积极探索促进学校发展与办学治校能力提升和突破的有效路径。通过对问题的梳理、诊断与厘清，工作室成员能够明确自身定位，找到学校发展的突破口与创新点，提高面对复杂问题的判断、分析与决策能力。工作室根据工作室成员面临的焦点、难点问题，确定基于学校实践改进的研修方案，结合管理工作的需要确定专题讲座内容。从教育的系统性到本质，从关注教育的动力到教师的需求，从教师教学到学生学习，既聚焦工作室成员关切的实际问题，帮助他们找到将经验转化为认知的路径

与方法，又兼顾学习的深度与广度，加深其对教育本质与内涵的理解和思维方式的转变。

例如，在“减负”主题论坛中，工作室对以涉及城、乡、山区在内的13所学校、3000多名学生、4000多位家长和400多位教师为调查对象的问卷结果做深入分析。佟校长结合调查分析报告，从学生课业负担是什么、为什么、怎么办三个方面对问卷结果做了进一步阐释。《中小学管理》杂志社团队全员参与论坛，并肯定该调研真实，数据可靠，很有研究价值。

六、成果输出：在总结提炼中研究规律，固化经验，创新实践

（一）关注成长，立足发展，形成研修共同体机制

为使工作室工作正常开展，保证工作室成员的学习效果，全体工作室成员充分讨论，结合实际，共同制定了《佟明河工作室公约》，《公约》内容如下。

佟明河工作室公约

一、考勤管理

1. 工作室成员要关注工作微信群通知，妥善解决工学矛盾，确保按时按要求参加工作室各项活动，不迟到，不早退。

2. 如有特殊情况不能参加活动，请按照通知要求提前请假。事假需要提交学校证明，病假请提交医院证明。

3. 未能按时参加活动的学员，要通过各种渠道了解活动内容，并补充打卡，按要求完成各项任务。

二、作业要求

1. 按照规定时间完成作业，保证作业质量。

2. 有所思，有所悟，做到理论与实践相结合，做到所学与工作改进相结合。

3. 可以借鉴参考学习，不能直接抄袭，要有自己的主观想法，有独到见解。

三、参加活动

1. 积极参加工作室活动，活动前认真准备，主动承担各项工作。

2. 活动中认真聆听，主动思考，积极发言，努力献策，合作交流，共同进步。

3. 活动后及时认真总结，深化交流，不断创新，不断提升。

（二）问题引领，实践改进，提高学员的实践能力

工作室一直秉承“在解决瓶颈问题的过程中提升个人领导力，促进学校乃至整个区域教育的发展”的理念，要求工作室成员做到高站位、宽视野，深思考、练内功，真研究、真行动，真问题、实解决。工作室聚焦真实鲜活的学校管理实践，聚焦教育教学重难点问题，以校长进步、师生成长、学校发展为目标，要求工作室成员有大格局，关注学校整体发展和自身职业发展；做系统思考者、问题研究者、结构化阅读者、欣赏型领导者，鼓励学员立足课堂观察，推进教学与课程实践改进，基于实践进行反思，不断提升管理思维，改进管理实践，努力将学习成果进行转化与应用，提升获得感，从而实现专业的自主发展。

（三）挖掘资源，搭建平台，促进学员专业能力的提升

佟明河工作室结合区域特点和学员的实际需求，积极开发、挖掘和

利用各种资源，组织学员参加多种形式的培训和学术交流活动，形成了高站位、宽视野、深思考的管理者自觉和及时常态化学习。在培训内容与方式上，佟明河工作室坚持理论学习与实践反思、问题研究与论文写作、现场教学与走访体验、阅读原著与分享交流相结合的方式，不断调动学员学习的积极性、主动性和创造性；在培训手段上，佟明河工作室充分利用线上、线下相结合的形式，保证学员学习的常态化和系统化。

立足新时代，中小学校长面临的是一个复杂而多变的育人环境，佟明河工作室已成为学员主动探索、解决实际问题的平台。研修过程中，工作室回归学校组织问题情境，采用任务驱动和问题提出等形式定期开展培训工作，每次围绕一定的主题进行理论学习、案例示范、经验分享、分组协作，鼓励工作室成员亲自动手、动脑解决工作中的实际问题。工作室导师通过参与校长探究及时给予引导、反思，实现校长从认知理解、情感认同到行为体验的层层转化，从而使“校长工作坊”成为校长学习交流、碰撞思想、提升自我的学习共同体。

段文海　朱秀荣
2023 年 8 月于房山教育大厦